文库精粹

曾国藩（上）

曾国藩⊙著

陕西新华出版
太白文艺出版社·西安

图书在版编目（CIP）数据

近代名人文库精粹. 曾国藩：全2册 / 刘东主编；
（清）曾国藩著. -- 西安：太白文艺出版社，2017.10（2024.5重印）

ISBN 978-7-5513-1128-1

Ⅰ. ①近… Ⅱ. ①刘… ②曾… Ⅲ. ①曾国藩（1811-1872）—文集 Ⅳ. ①Z425

中国版本图书馆CIP数据核字(2017)第237423号

近代名人文库精粹：曾国藩
JINDAI MINGREN WENKU JINGCUI：ZENG GUOFAN

著　　者	曾国藩
主　　编	刘　东
责任编辑	荆红娟　姚亚丽
封面设计	揽胜视觉
版式设计	刘兴福
出版发行	太白文艺出版社
经　　销	新华书店
印　　刷	三河市嵩川印刷有限公司
开　　本	700mm×960mm　1/16
字　　数	380千字
印　　张	24
版　　次	2017年10月第1版
印　　次	2024年5月第2次印刷
书　　号	ISBN 978-7-5513-1128-1
定　　价	69.80元（上下）

版权所有　翻印必究
如有印装质量问题，可寄出版社印制部调换
联系电话：029-81206800
出版社地址：西安市曲江新区登高路1388号（邮编：710061）
营销中心电话：029-87277748　029-87217872

目录 Contents

曾国藩（上）

挺 经

内圣 ………………………………………………………………… 3
砺志 ………………………………………………………………… 6
家范 ………………………………………………………………… 9
明强 ………………………………………………………………… 12
坚忍 ………………………………………………………………… 15
刚柔 ………………………………………………………………… 18
英才 ………………………………………………………………… 21
廉矩 ………………………………………………………………… 24
勤敬 ………………………………………………………………… 27
诡道 ………………………………………………………………… 30
久战 ………………………………………………………………… 33
廪实 ………………………………………………………………… 35
峻法 ………………………………………………………………… 38
外王 ………………………………………………………………… 41
忠疑 ………………………………………………………………… 44
荷道 ………………………………………………………………… 47

| 藏锋 | 50 |
| 盈虚 | 53 |

家 书

治家类

禀父母（和气则家道兴）	56
禀父母（教弟竭尽心力）	57
禀祖父母（晒皮衣之法）	58
致诸弟（劝勿管家中事）	58
禀父母（勿因家务过劳）	60
禀叔父母（勿劳力过甚）	60
致诸弟（日日想归省亲）	61
致诸弟（无半字入公庭）	62
致诸弟（述改屋之意见）	63
致诸弟（拟于明年归省）	64
致诸弟（迎养父母叔父）	65
致纪泽（料理家事出京）	66
致纪泽（携眷赶紧出京）	69
致纪泽（须另搬小房子）	71
致纪泽（家眷不可出京）	71
致纪泽（宜守乡间旧样）	71
致诸弟（宜注重勤敬和）	72
致诸弟（勿使子侄骄佚）	73
致纪泽（宜教新妇作羹）	74
致四弟（宜常在家侍父）	74
致四弟（不宜常常出门）	75
致四弟（得两弟为帮手）	75
致九弟（归家料理祠堂）	76
致四弟季弟（注重种蔬等事）	77
致诸弟（宜兄弟和睦及实行勤俭二字）	77

致诸弟（述境遇之顺逆及好说利害话）……78
致诸弟（述六弟妇治家最贤赋命最苦）……79
致诸弟（述起屋造祠堂）……79
致四弟（治家有八字诀）……80
致四弟（居乡要诀宜俭）……81
致九弟季弟（宜戒后辈骄佚）……81
致四弟（怕子弟骄奢佚）……82
致四弟（教子侄以谦勤）……82
致四弟（教子弟去骄惰）……83
致四弟（教子弟以八本）……83
致四弟（必须爱惜物力）……84
致四弟（惜福贵乎勤俭）……84
致九弟（欣悉家庭和睦）……85
致四弟（教家勤俭为主）……85
致四弟（宜以耕读为本）……85

修身类

禀父母（谨守保身之训）……87
禀父母（痛改从前过失）……88
致诸弟（详述克治之功）……88
禀父母（劝弟除骄傲气）……90
致诸弟（勉以进德修业）……91
致诸弟（切勿恃才傲物）……91
禀父母（不敢过分用心）……92
致诸弟（劝宜力除牢骚）……93
致四弟（劝宜不露圭角）……94
致九弟（劝宜息心忍耐）……95
致九弟（在营宜保身体）……95
致九弟（述无恒的弊病）……96
致九弟（言凶德有二端）……97

致九弟（愿共鉴诫二弊） …………………………………… 98
致九弟（注重平和二字） …………………………………… 98
致四弟（必须加意保养） …………………………………… 99
致四弟九弟（体弱必须起早） ……………………………… 100
致九弟（宜平骄矜之气） …………………………………… 100
致九弟季弟（须戒傲惰二字） ……………………………… 101
致四弟（保养宜停药物） …………………………………… 101
致四弟（宜不轻非笑人） …………………………………… 102
致九弟季弟（宜注重清慎勤） ……………………………… 102
致九弟季弟（必须自立自强） ……………………………… 103
致九弟（望勿各逞己见） …………………………………… 104
致九弟季弟（治身宜不服药） ……………………………… 105
致九弟季弟（服药不可太多） ……………………………… 105
致四弟（必须好好静养） …………………………………… 106
致四弟（见本县父母官宜以谦谨为主） …………………… 106
致九弟（述治事宜勤劳） …………………………………… 107
致九弟（著力积劳二字） …………………………………… 107
致九弟（万望毋恼毋怒） …………………………………… 108
致九弟（腹疼先责扶脾） …………………………………… 109
致九弟（郁怒最易伤人） …………………………………… 109
致四弟（述养身有五事） …………………………………… 109
致九弟（宜自修处求强） …………………………………… 110
致九弟（得力惟一悔字） …………………………………… 111
致九弟（必须逆来顺受） …………………………………… 112

劝学类

禀父母（九弟习字长进） …………………………………… 113
禀父母（教弟写字养神） …………………………………… 114
禀父母（两弟业患不精） …………………………………… 114
致诸弟（述求学之方法） …………………………………… 115

致诸弟（勉励立志有恒） …… 117
致诸弟（勉励自立课程） …… 119
致诸弟（讲读经史方法） …… 121
致六弟（述学诗习字法） …… 124
致诸弟（劝讲孝弟之道） …… 126
致诸弟（须要看史温经） …… 127
致诸弟（勿为时文所误） …… 128
禀父母（教弟注重看书） …… 129
致诸弟（必须立志猛进） …… 130
致诸弟（看书必须有恒） …… 131
致诸弟（按月作文寄京） …… 132
致诸弟（评文字之优劣） …… 133
致诸弟（宜访择一明师） …… 134
致四弟（宜留心读书事） …… 135
致四弟（宜劝诸侄勤读） …… 135
致四弟九弟（宜家居时苦学） …… 136
致九弟（讲求奏议不迟） …… 136
致四弟九弟（谆嘱瑞侄加功） …… 137
致四弟九弟（述为学有四事） …… 137

理财类

禀祖父母（在京无生计） …… 139
禀祖父母（京中窘迫状） …… 140
禀父母（筹画归还借款） …… 141
禀父母（借银寄回家用） …… 142
禀父母（在外借债过年） …… 142
禀父母（便附家中大布） …… 143
禀祖父母（在京易挪钱） …… 143
禀祖父母（无钱寄回家） …… 144
禀父母（寄银完债赠人） …… 145

致诸弟（取款及托带银）··146
禀父母（送参冀减息银）··147
禀父母（专人去取借款）··147
禀父母（在京事事省俭）··148
禀叔父母（托人带归银）··149
致诸弟（家中须略积钱）··149
致纪泽（托人带银至京）··151
致诸弟（带归度岁之资）··151
致九弟（述捐银作祭费）··152
致九弟（劝捐银修祠堂）··153

济急类

禀祖父母（请救济族人）··155
禀祖父母（先馈赠戚族）··156
致诸弟（述济戚族之故）··156
禀祖父母（赠戚族数目）··163
禀叔父母（请兑钱送人）··163
致诸弟（定计量一义田）··164
致九弟（随便可以周济）··165
致九弟（周济受害绅民）··165
致四弟九弟（寄银亲族三党）····································166
致四弟（送银共患难者）··166

交友类

致诸弟（述求师友宜专）··168
致诸弟（必须亲近良友）··169
禀叔父（侠士料理友丧）··169
致诸弟（不可与人太疏）··170
致诸弟（切勿占人便宜）··171
禀父母（处置朋友之法）··172
致九弟（许李次青订婚）··173

致九弟（述挽胡润帅联） …… 173
致九弟季弟（述辜负李次青） …… 174

曾国藩（下）

家　书

为政类

禀祖父母（与英国议和） …… 177
禀父母（盘查国库巨案） …… 178
禀父母（具摺奏请日讲） …… 179
致诸弟（具奏言兵饷事） …… 179
致诸弟（进谏说破骄矜） …… 180
致诸弟（详述办理巨盗及公议粮饷事） …… 181
致九弟季弟（以勤字报君以爱民二字报亲） …… 183
致九弟（暂缓奏祀望溪） …… 183
致季弟（长江厘卡太多） …… 184
致九弟季弟（筹办粤省厘金） …… 184
致九弟（抽本省之厘税） …… 185
致九弟（当大事宜明强） …… 185

服官类

致诸弟（喜述大考升官） …… 187
禀祖父母（报告升侍讲） …… 187
禀祖父母（报告考差信） …… 188
禀祖父母（报告补侍读） …… 189
致诸弟（喜得会试房差） …… 190
致诸弟（喜述升詹事府右春坊右庶子） …… 191
禀父母（勿入署说公事） …… 191
禀叔父母（报告升翰林院侍读学士） …… 192
禀父母（请祖父换蓝顶） …… 193

禀父母（拟为六弟纳监） …… 194
禀父母（报告两次兼职） …… 194
禀父母（请勿悬望得差） …… 196
禀父母（附呈考差诗文） …… 196
禀父母（六弟成就功名） …… 197
禀父母（请敬接诰封轴） …… 197
禀父母（毋以不得差及六弟不中为虑） …… 198
禀父母（四弟送归诰轴） …… 198
禀父母（遵命一意服官） …… 199
致诸弟（述升内阁学士） …… 200
致诸弟（喜述补侍郎缺） …… 201
致诸弟（述派较射大臣） …… 202
致诸弟（喜九弟得优贡） …… 203
致九弟（公文不可疏懒） …… 204
致九弟（喜保同知花翎） …… 204
致四弟（开用总督关防及盐政之印信） …… 205
致九弟（兄弟同奉特恩） …… 205
致九弟（申请辞退一席） …… 206
致九弟（揭出自己襟怀并以纪瑞承荫） …… 206
致九弟（述纪梁宜承荫） …… 207
致九弟（尽可随时陈奏） …… 208
致九弟（不必再行辞谢） …… 208
致九弟（战事宜自具奏） …… 208
致四弟（兄弟同蒙封爵） …… 209
致四弟九弟（谕旨饬沅陛见） …… 209

用人类

致诸弟（营中需才孔亟） …… 211
致诸弟（调彭雪琴来江） …… 212
致九弟（催周凤山速来） …… 213

致九弟（交人料理文案）…… 214
致九弟（惭对江西绅士）…… 215
致九弟（宜以求才为急）…… 216
致九弟（拟优保李次青）…… 217
致九弟季弟（述杨光宗不驯）…… 217
致九弟季弟（嘱文辅卿二语）…… 218
致九弟季弟（随时推荐正人）…… 218
致九弟季弟（拟札陈舫仙办大通厘金）…… 219
致九弟（办事好手不多）…… 219
致九弟（宜多选好替手）…… 220
致九弟（述器重杜小舫）…… 220
致九弟（述保举人为难）…… 221
致九弟（述查参金眉生）…… 221

行军类

寄友（述奉旨命办团练）…… 223
寄友（述湘勇颇有纪律）…… 224
禀父（专思办水战之法）…… 224
禀覆父（军中要务数条）…… 225
致诸弟（遣归长夫多名）…… 226
致诸弟（付回奏摺底稿）…… 227
致诸弟（尽可不必来营）…… 228
致诸弟（广东水师已到）…… 228
致诸弟（奏请调贵州兵）…… 229
致诸弟（鄂兵久无饷银）…… 229
禀父（在省中修理战船）…… 230
致诸弟（长夫皆令回里）…… 230
致诸弟（广西水勇到省）…… 231
致诸弟（湖北业已失守）…… 231
致诸弟（令子侄见军旅）…… 232

致诸弟（述敌人数更多）	232
致诸弟（述陆路大获胜）	233
致诸弟（即日移营前进）	234
致诸弟（述敌不能水战）	234
致诸弟（军事愈办愈难）	235
致诸弟（水师陷入内河）	236
致诸弟（尽遣长夫回家）	237
致诸弟（认真操练水师）	238
致诸弟（军中意见不合）	239
致诸弟（打单眼铳数竿）	239
致诸弟（难以打出湖口）	240
致诸弟（陆军势已不支）	241
致诸弟（拟添募五百人）	242
致诸弟（盐务筹饷有二）	242
致诸弟（细述鄂赣军情）	243
致诸弟（述吉安府失守）	244
致诸弟（瑞州屡获大胜）	245
致九弟（不可久顿城下）	246
致九弟（急来瑞州更替）	247
致九弟（宰饷可望充裕）	247
致九弟（恐哨勇不老练）	248
致九弟（军事尚隐尚诡）	248
致九弟（宜全神注陆路）	249
致九弟（与敌最戒浪战）	249
致九弟（必须细侦敌情）	250
致九弟（训练注重讲辨）	250
致九弟（赴浙办理军务）	251
致九弟（望来帮办一切）	252
致九弟（述捐饷增学额）	252

致九弟（喜闻克吉安信）	253
致九弟（望即来营小住）	254
致四弟季弟（述零敌难奏功）	254
致九弟（当报近日军情）	255
致诸弟（温甫尸无下落）	255
致诸弟（奏温甫殉难事）	256
致诸弟（寻获温甫遗骸）	256
致诸弟（邑中须有团练）	257
致诸弟（湖南协饷停解）	257
致四弟（述奉防蜀之旨）	258
致四弟（述楚军难北行）	258
致四弟九弟（述捻敌之猖獗）	259
致四弟九弟（颇虑统将乏人）	259
致四弟九弟（述敌包围鲍营）	260
致四弟九弟（述克复太湖县）	260
致四弟九弟（述克复杭城信）	261
致四弟（述苏锡失守信）	261
致季弟（第一讲求将略）	262
致九弟（北援不必多兵）	263
致九弟季弟（宜以静字胜敌）	263
致九弟（陆路万难多运）	264
致四弟（述安庆之得失）	264
致九弟（缓急由鲍自定）	265
致四弟（洋船暗通接济）	266
致九弟季弟（须将外濠加挖）	266
致九弟（宜作坚守之计）	267
致九弟（述敌万难持久）	267
致九弟（喜闻克安庆信）	267
致九弟（述不放心水师）	268

致四弟九弟（望来共商大计）	268
致四弟九弟（但求保全上海）	269
致九弟（注意训练新军）	269
致九弟（咨鄂协解火药）	270
致九弟季弟（须惜士卒精力）	270
致九弟季弟（金陵似可克复）	271
致九弟（兵贵机局灵活）	271
致九弟（切忌全作呆兵）	272
禀父母（至惊后之状况）	274
禀父母（九弟急欲南归）	275
禀父母（九弟暂不归家）	276
禀父母（九弟择日南归）	277
禀祖父母（九弟已动身）	278
禀父母（九弟路上安否）	279
禀父母（诸弟愿意来否）	280
致诸弟（四弟已经出京）	281
致九弟（述自长沙起行）	281
致九弟（述寓武昌抚署）	282
致九弟（过浔祭塔公祠）	282
致四弟（嘱纪泽来省觐）	283
致九弟季弟（谢给纪泽途费）	283

杂务类

禀叔父（请再代办寿材）	285
禀祖父母（孙妇生一女）	285
禀父母（年漆寿材一次）	286
致诸弟（托友带归各物）	286
禀父母（暂缓儿女联姻）	287
禀父母（无法位置妹夫）	288
禀父母（京寓庆祝寿辰）	289

禀父母（身上热毒未好）………………………… 289
致诸弟（述现服清凉药）………………………… 290
禀叔父母（移寓吕祖阁）………………………… 291
禀父母（专服补肝之品）………………………… 292
禀祖父（意欲另寻坟地）………………………… 292
致诸弟（述大女儿订婚）………………………… 293
致诸弟（欣闻两次喜信）………………………… 294
禀父母（好地气必团聚）………………………… 295
致诸弟（寄归银两物品）………………………… 295
致诸弟（不必重价买地）………………………… 296
致诸弟（癣疾愈见大好）………………………… 297
致诸弟（托查遗失家信）………………………… 297
致诸弟（述修改长郡馆）………………………… 298
致诸弟（拟为纪泽定婚）………………………… 299
致诸弟（成就纪泽亲事）………………………… 300
致诸弟（暂缓纪泽亲事）………………………… 301
致诸弟（决对纪泽亲事）………………………… 302
致四弟（以寿序作格言）………………………… 304
致四弟九弟（必须略置墓田）…………………… 304
致四弟九弟（痛悉叔父去世）…………………… 305
致四弟九弟（寻地必求惬意）…………………… 305
致四弟（应酬必须亲到）………………………… 306
致四弟（纪鸿幸取县首）………………………… 306
致九弟（拟接季弟灵柩）………………………… 307
致九弟（述季柩已到此）………………………… 307
致九弟（拟作季弟墓志）………………………… 308
致九弟（派送季柩归里）………………………… 308
致四弟（述季丧甚整齐）………………………… 308
致九弟（述为季弟请谥）………………………… 309

家 训

谕纪鸿（愿为读书明理人） …… 311
谕纪泽（读书写字之方法） …… 311
谕纪泽（读书宜乎求心得） …… 312
谕纪泽（学诗学字之方法） …… 313
谕纪泽（治经学赋习字法） …… 314
谕纪泽（宣研究天文之学） …… 315
谕纪泽（宜翻阅校经书籍） …… 316
谕纪泽（宜先看胡刻文选） …… 316
谕纪泽（宜勉尽爱敬之道） …… 317
谕纪泽（用笔结体之两端） …… 318
谕纪泽（南北书法之派别） …… 319
谕纪泽（读书宜先窥门径） …… 319
谕纪泽（宜分类手钞词藻） …… 320
谕纪泽（辨别尚书之正伪） …… 321
谕纪泽（看注疏及写字法） …… 322
谕纪泽（早了儿女婚嫁事） …… 323
谕纪泽（宜从有恒下工夫） …… 323
谕纪泽（守家法及看文选） …… 324
谕纪泽（宜研究训诂词章） …… 325
谕纪泽（作文贵珠圆玉润） …… 325
谕纪泽纪鸿（戒积银钱置田产） …… 326
谕纪泽纪鸿（言语举止要稳重） …… 327
谕纪泽（散步为养生秘诀） …… 327
谕纪泽（论文之古雅雄奇） …… 328
谕纪泽（宜雇人至家种蔬） …… 328
谕纪泽（说文中原有逸字） …… 329
谕纪泽（学书须窥寻门径） …… 330
谕纪泽（宜努力看读写作） …… 330

谕纪泽（惟崇俭可以长久） …… 331
谕纪泽（目录分类之方法） …… 332
谕纪鸿（批示所作之凡例） …… 333
谕纪泽（胸次须博大活泼） …… 333
谕纪泽（寄银为二女查资） …… 333
谕纪泽（宜用心词章之学） …… 334
谕纪泽（当作书教诫袁婿） …… 335
谕纪鸿（兑银为进学之用） …… 335
谕纪泽（宜时时哦诗作字） …… 336
谕纪泽（行气为文章要义） …… 337
谕纪泽（夜间不复能看字） …… 337
谕纪泽（俟季葬再来皖营） …… 338
谕纪泽（研究韩公五言诗） …… 338
谕纪泽（劝妹能耐劳忍气） …… 339
谕纪泽（言孝以保身为重） …… 339
谕纪泽（学文须手钞熟读） …… 340
谕纪泽（闻人赋圈批发还） …… 341
谕纪鸿（须得老成者同伴） …… 342
谕纪鸿（嫁女不应恋母家） …… 342
寄纪瑞侄（兄弟宜相劝勉） …… 343
谕纪鸿（择交是第一要事） …… 343
谕纪泽纪鸿（拟在宁多住几时） …… 344
谕纪泽（养生必须少恼怒） …… 344
谕纪泽纪鸿（宜服膺聪训斋语） …… 345
谕纪鸿（莫间断学字之功） …… 345
谕纪鸿（专讲求八股试帖） …… 346
谕纪泽纪鸿（宜从古文上用功） …… 347

兵　法

议汰兵疏 …… 348

论兵 …………………………………………… 356
复林秀山 ………………………………………… 359
与张石卿制军 …………………………………… 360
治兵语录选 ……………………………………… 363

曾国藩
（上册）

作者简介

曾国藩（1811—1872） 原名子城，字涤生，号伯涵，湖南湘乡人。道光进士。为抗拒太平天国革命，练湘军。任两任总督、钦差大臣。赠太溥，谥文正。晚清政治家、文学家。能诗文，其古文继桐城之后，加以扩展，溯源经史，奇偶互用，别衍为湘乡派。学主张义理、考据、词章并重，并以"经济"来充实，讲求经世济时之道。"平生好雄奇瑰玮之文"；重视字句声色的修辞技巧，主张以一定骈体的"华丽文采"来矫正桐城派古文语弱的弊病，文学史上有称他为桐城派"中兴明主"的说法。论诗受宋诗派影响，推崇杜甫，标榜黄庭坚，又不拘囿于宋诗派，对后来"同光体"诗派的产生影响较大。编选有《十八家诗钞》28卷，《经史百家杂钞》26卷，《曾文正公文集》等作品。

挺 经

内 圣

内，心也；圣，异于常人也。功修于内，怀日月之明，雷霆之奋，修身自强，名配尧禹也。为体，为用，气之帅，行之范也。内圣者恭形于内，敬主于中，坚挺拔俗，不卑之亢，为曾门《挺经》十八篇开山之作，念武功之隆，文德之盛也。

"内圣"法（上篇）

【原文】

细思古人功夫，其效之尤著者，约有四端：曰慎独则心泰，曰主敬则身强，曰求仁则人悦，曰思诚则神钦。慎独者，遏欲不忽隐微，循理不间须臾，内省不疚，故心泰。主敬者，外而整齐严肃，内而专静纯一，斋庄不懈，故身强。求仁者，体则存心养性，用则民胞物与，大公无我，故人悦。思诚者，心则忠贞不贰，言则笃实不欺，至诚相感，故神钦。四者之功夫果至，则四者之效验自臻。余老矣，亦尚思少致吾功，以求万一之效耳。

【译文】

细思古人修身功夫，其成效特别显著的大约有四方面：慎于独处，则心胸安泰；端恭谨慎，则身体强健；追求仁义，则人们敬慕热爱；正心诚意，则神灵钦敬。慎独，就是说遏禁私欲，连非常微小的方面也不放过，循理而行，时时如此，内省而无愧，成以心泰。主敬，就是说仪容整齐严肃，内心思虑专一，端恭不懈，所以说身体强健。求仁，就是说从本体上

讲,有爱民惜物之怀,大公无私,所以人悦。思诚,就是说内心忠诚坚贞没有二心,言语笃实无欺,以至诚感应万物,所以神钦。如果真能达到上述四方面的修身功夫,效验自然而至。我虽然年纪衰迈,但还想讲求此修身之功夫,以求得万一之效。

"内圣"法(中篇)

【原文】

尝谓独也者,君子与小人共焉者也。小人以其为独而生一念之妄,积妄生肆,而欺人之事成。君子懔其为独而生一念之诚,积诚为慎,而自慊之功密。其间离合几微之端,可得而论矣。

盖《大学》自格致以后,前言往行,既资其扩充;日用细故,亦深其阅历。心之际乎事者,已能剖析乎公私,心之丽乎理者,又足精研其得失。则夫善之当为,不善之宜去,早画然其灼见矣。而彼小人者,乃不能实有所见,而行其所知。于是一善当前,幸人之莫我察也,则趋焉而不决。一不善当前,幸人之莫或伺也,则去之而不力。幽独之中,情伪斯出,所谓欺也。惟夫君子者,惧一善之不力,则冥冥者有堕行;一不善之不去,则涓涓者无已时。屋漏而懔如帝天,方寸而坚如金石。独知之地,慎之又慎。此圣经之要领,而后贤所切究者也。

【译文】

所谓"独"这个东西,是君子与小人共同所有的。当小人在他单独一人之时往往会产生一个狂妄的念头,狂妄之念聚得多了就会产生纵肆,而欺负别人的坏事就会发生了。君子在他单独一人之时产生的念头由其禀性决定,往往是真诚的。诚实积聚多了就会谨慎,而自己唯恐有错的功夫就下得多了。君子小人在单独处事上距离之差异之点,是可以得到评论的。

《大学》自穷究事物的原理而获得知识以后,以前的言论和过去的行为,可以将其作为扩大与深入研讨的资料;日常一些琐事问题,可以加深他的阅历与识见。他的心在遇到事的时候,已经能剖析公与私的区别;心在联系道理的时候,又能充分精辟地研究事理的得失。对于善事应当做,不善良的毛病应去掉,早已经形象鲜明地认识到了。而那些小人们,却不能有实实在在的见识,而去实行他所知道的应做的事。对于办一件好事,唯恐别人不能觉察到，自己白干，因而去办时迟疑不决；对于办一件不好的事情，侥幸别人一定窥视到，因而改正得很不力。背地里独处之时，弄虚作假的情弊就产生了，这就是欺骗。而君子，唯恐去办一件善事办得不力，在晦暗中有堕落的行为；一个坏毛病改正不了，就会像涓涓细流长年不断地犯错。暗室之中憛然不动仿佛在天一般，主心骨坚如金石。在只有自己知道的地方单独行事，要谨慎而又谨慎。这就是圣人遵奉的准则，而后世贤人所切实研究的问题呀！

"内圣"法（下篇）

【原文】

修己治人之道，止"勤于邦，俭于家，言忠信，行笃敬"四语，终身用之有不能尽，不在多，亦不在深。

古来圣哲胸怀极广，而可达天德者，约有四端：如笃恭修己而生睿智，程子之说也；至诚感神而致前知，子思之训也；安贫乐道而润身晬面，孔颜曾孟之旨也；观物闲吟而意适神恬，陶白苏陆之趣也。自恨少壮不知努力，老年常多悔惧，于古人心境，不能领取一二。反复寻思，叹喟无已。

【译文】

自身修养以及治理国家的道理，有四句话终身用之而受益无穷，这就是："勤于政事，节俭治家，所说的话忠信可靠，行事诚恳无欺。"话不在于多少也不在于深刻与否。

古往今来圣哲们的胸襟十分宽广，而达到至圣大德的，约有四种境界：笃恭修己而生出聪明睿智，这是二程的主张；精诚感动神灵而可以生而知之，这是子思的遗训；安贫乐道而身体健康面无忧色。这是孔子、孟子、曾子、颜回的至高宗旨；欣赏大自然的美妙，吟诗作赋，而意志安适，精神愉悦，这是陶渊明、李白、苏轼、陆游的人生乐趣所在。惭悔自己少壮不知努力，年长时常常有一种悔惧萦绕于怀，对于古代圣贤的心境，不能领略一二。反复寻思，叹喟不已。

砺　志

志者，心之向也，气之帅也。有志者，事竟成，要在躬行践履也。居贫穷而志不改，处危难而志弥坚，遇险阻而甘若饴，报国复邦，建功立业，或闻鸡起舞，或卧薪尝胆，志存高远，乃《挺经》之卷二"砺志"也。

"砺志"法（上篇）

【原文】

君子之立志也，有民胞物与之量，有内圣外王之业，而后不忝于父母之生，不愧为天地之完人。故其为忧也，以不如舜不如周公为忧也，以德不修学不讲为忧也。是故顽民梗化则忧之，蛮夷猾夏则忧之，小人在位贤才否闭则忧之，匹夫匹妇不被己泽则忧之，所谓悲天命而悯人穷，此君子之所忧也。若夫一身之屈伸，一家之饥饱，世俗之荣辱得失、贵贱毁誉，君子固不暇忧及此也。

【译文】

做人立志，应当有以全人类为同胞，并以他们的需要为奉献对象的胸襟度量，应当有精通事业，对内振兴民族，对外领先于世界，开创伟大业绩的雄心壮志。只有这样，才无愧于父母的生养恩情，不愧为世界上高尚的人。这样说来，值得忧虑的究竟是什么呢？这就是以自己不如舜帝、不如周公而忧虑，以自己不专修德行、不精通学业而忧虑。于是，便会忧虑社会腐败势力的顽固不化，忧虑外敌侵扰国家，忧虑坏人当道而优秀人才被排斥埋没，忧虑自己未能给平民百姓以恩惠帮助，这就是俗话说的忧国忧民，怜悯贫弱的品质。以上就是值得人们所忧虑的事情。与此相反，比如那一己的成败，一家的温饱，现实生活中的荣辱得失、名誉地位等等，真正有事业心的人是顾不上为这些事而忧虑费神的。

"砺志"法（中篇）

【原文】

明德、新民、止至善，皆我分内事也。若读书不能体贴到身上去，谓此三项与我身了不相涉，则读书何用？虽使能文能诗，博雅自诩，亦只算得识字之牧猪奴耳！岂得谓之明理有用之人也乎？朝廷以制艺取士，亦谓其能代圣贤立言，必能明圣贤之理，行圣贤之行，可以居官莅民、整躬率物也。若以明德、新民为分外事，则虽能文能诗，而于修己治人之道实茫然不讲，朝廷用此等人作官，与用牧猪奴作官何以异哉？

【译文】

明德行、做新人、办好事，这都是我们分内的事情。如果读书不能落实到自己身上，认为以上三项与我们毫不相干，那么，读书还有什么用处？尽管能写文章、作诗篇，卖弄自己的高雅，也只能算得上一个识字的放牧仔，怎么能够说得上是什么深明大理的有用人才呢？现在，国家依据考试中文章的优劣选用人才，认为这些人既然能够按照贤明领导者的意图立论作文章，也就必然懂得有益于人类社会的道理，做有益于人类社会的事情，身居官位而不脱离平民百姓，兢兢业业地遵循常规办事。如果以为深明德行，造福于民是分外的事，那么，虽然能写文章、作诗词，却丝毫不懂得修养自己、治理社会的道理，国家用这样的人做官，同用放牧仔做官又有什么区别呢？

"砺志"法（下篇）

【原文】

累月奔驰酬应，犹能不失常课，当可日进无已。人生惟有常是第一美德。余早年于作字一道，亦尝苦思力索，终无所成。近日朝朝摹写，久不间断，遂觉月异而岁不同。可见年无分老少，事无分难易，但行之有恒，

自如种树畜养，日见其大而不觉耳。进之以猛，持之以恒，不过一二年，精进而不觉。言语迟钝，举止端重，则德进矣。作文有峥嵘雄快之气，则业进矣。

【译文】

连月奔走应酬，还能坚持学习，当能大有前途，人生惟有做事有恒是第一美德。我早年对于书法一道，也曾苦力探索，终无成就。近日来天天摹写，从不间断，就觉得日新月异。由此可见，年龄无论大小，事情无论难易，只要持之以恒，就如种树养家禽一样，天天看着它长大而感觉不到。尽力猛行，坚持不懈，不过一二年，自然有无形的长进。言语迟缓，举止端重，则品德性情有长进。文章有峥嵘雄骏之气，则学业有长进。

家 范

家范，居家之规法也。时思不辱先门，不辱己身，尊高年，慈孤弱，兄友弟恭。切记，立身百业，以学为主，不倡游言，孜孜进取。器不饰，无以美观，人不学，无以懿德。是故，克勤于国，克俭于家，此乃《挺经》之卷三"家范"也，旨在族门挺盛，薪火为继也。

"家范"法（上篇）

【原文】

家中兄弟子侄，惟当记祖父之八个字，曰："考、宝、早、扫、书、蔬、鱼、猪。"又谨记祖父三不信，曰："不信地仙、不信医药、不信僧巫。"余日记册中又有八本之说，曰："读书以训诂为本，作诗文以声调为本，事亲以得欢心为本，养生以戒恼怒为本。立身以不妄语为本，居家以不晏起为本，作官以不要钱为本，行军以不扰民为本。"此八本者，皆余阅历而确有把握之论，弟亦当教诸子侄谨记之。无论世之治乱，家之贫富，但能守星冈公之八字与之八本，总不失为上等人家。

【译文】

家中兄弟子侄，应当敬守祖父训戒的八个字："考、宝、早、扫、书、蔬、鱼、猪。"又当谨记祖父的三不信："不信地仙，不信医药，不信僧巫。"我日记中也讲到八本之说："读书以训诂为本，作诗文以声调为本，侍奉长辈以让其欢心为本，养生以戒怒为本。立身以诚信为本，持家以早起为本，做官以廉正为本，行军以不扰民为本。"这八本都是我自己亲身经历过的，行之有效的经验之谈，弟应当教育众子侄谨记笃行。不管治世乱世，家贫家富，只要能遵守祖父的八字和我的八本之说，

总不失为让人敬重的上等之家。

"家范"法（中篇）

【原文】

士大夫之家不旋踵而败，往往不知乡里耕读人家之耐久。所以致败之由大约不出数端。家败之道有四，曰：礼仪全废者败；兄弟欺诈者败；妇女淫乱者败；子弟傲慢者败。身败之道有四，曰：骄盈凌物者败；昏惰任下者败；贪刻兼至者败；反复无信者败。未有八者全无一失而无故倾覆者也。

【译文】

士大夫之家有的很快衰败，往往还不如乡里耕读人家家运持久。造成衰败的原因，大约不出以下几方面。家庭衰败的原因有四：没有礼仪之家衰败；兄弟相互欺诈之家衰败；妇女淫荡秽乱之家衰败；子弟骄傲轻侮别人之家衰败。一个人衰败的原因也有四方面：骄傲自满、轻侮别人的人衰败；昏暗懒惰、偏信下人的人衰败；贪婪而且苛刻的人衰败；反复无信的人衰败。从来没有见过这些弊病一点也没有而无故败家覆身的事情。

"家范"法（下篇）

【原文】

凡天下官宦之家，多只一代享用便尽，其子孙始而骄佚，继而流荡，终而沟壑，能庆延一二代者鲜矣。商贾之家，勤俭者能延三四代；耕读之家，谨朴者能延五六代；孝友之家，则可以绵延十代八代。我今赖祖宗之积累，少年早达，深恐其以一身享用殆尽，故教诸弟及儿辈，但愿其为耕读孝友之家，不愿其为仕宦起见。若不能看透此层道理，则虽巍科显宦，终算不得祖父之贤肖，我家之功臣。若能看透此道理，则我钦佩之至。澄弟每以我升官得差，便谓我肖子贤孙，殊不知此非贤肖也。如此为贤肖，则李林甫、卢怀慎辈，何尝不位极人臣，烜奕一时，讵得谓之贤肖哉？予自问学浅识薄，谬膺高位，然所刻刻留心者，此时虽在宦海之中，却时作上岸之计。要令罢官家居之日，己身可以淡泊，妻子可服劳，可对祖父兄弟，可以对宗族乡党。如是而已。

【译文】

　　天下凡是官宦家族，往往至多一代人便享用殆尽，其子孙后代也开始骄逸懒散，继而放荡不羁，最终走向堕落，能延续一两代是很少见的。巨商富贾的家族，勤俭的能延续三四代；农耕读书的家族，谨慎朴实的能延续五六代；孝敬长辈、与人友善的家族，则能延续十代八代。我今生依赖祖宗积德，顺利得志，唯恐我一人享用殆尽，因此教育各位弟弟和儿辈，共同立志发奋成为耕读、孝悌、与人友善的家族，而不愿成为仕宦家族。各位弟弟读书不可以不多，用功不可以不勤，切不可时刻为了达到科名仕宦的目的着想。如果不能识透这层道理，即使在科举考试中名列前茅，取得显赫的仕宦官位，也终究算不上先辈的贤德孝顺的后代，算不上我家的功臣。若能识透这层道理，那我就异常地钦佩。澄弟常以我升官得志，便说我是孝子贤孙，殊不知这并非贤德孝顺。如果以升官得志为贤德孝顺，那么李林甫、卢怀慎之流，何尝不是一人之下、万人之上，显赫一时的人物，岂不可以说得上是孝子贤孙吗？我深知自己学浅才疏，误得高位，于是事事留心，现在我虽在仕途宦海之中，却时刻做着弃官上岸的打算，假如到了弃官回家的时候，我本身可以不追求任何名利，妻子可以在家劳动，可以对得起祖父兄弟，对得起家族乡党，仅此而已。

明　强

"明"者智也,"强"者勇也。"强"字自"明"出,智勇兼备,遭挫受辱气不馁,所向披靡,挺经之要环也。识大千世界,智者能鉴人,强者能制人,机枢智圆,谋出不测,大智大勇,百折不挠也。此乃《挺经》之卷四,"明强"大法也。

"明强"法(上篇)

【原文】

三达德之首曰智。智即明也。古豪杰,动称英雄。英即明也。明有二端:人见其近楼则所见远矣,登山则所见更远矣。精明者,譬如至微之物,以显微镜照之,则加大一倍、十倍、百倍矣。又如粗糙之米,再春则粗糠全去,三春、四春,则精白绝伦矣。高明由于天分,精明由于学问。吾兄弟忝居大家,天分均不甚高明,专赖学问以求精明。好问若买显微之镜,好学若春上熟之米。总须心中极明,而后口中可断。能明而断谓之英断,不明而断谓之武断。武断自己之事,为害犹浅;武断他人之事,招怨实深。惟谦退而不肯轻断,最足养福。

【译文】

"智、仁、勇"这三个达德中,排在首位的是智。智就是明。古往今来,那些才能出众的人,常称之为英雄。英就是明啊。所谓"明"有两种:他人只看到近前东西,我则可以看到极远的东西,这叫高明。他人只看到粗大的东西,我则可以看到精细的东西,这叫精明。所说的高明,好比是身在一室,所能看到的距离毕竟有限,登上高楼所能看到的就远了,登上高山的话，看得就更远了。所说的精明，好比是极为细微之物，用显微镜来观察它，它就会放大一倍、十倍、百倍了。又比好是粗糙的米，捣两遍的话，就可以把粗糠全部除去，捣上三遍、四遍，那么它就精细白净至极了。人是否高明取决于天赋，精明则有赖于后天方面的学问。我曾氏兄弟如今侥幸居高位，天赋方面算不上十分高明，全靠学问来求得精明。好问如同购置显微镜观察事物，好学如同捣击熟透了的米。总而言之，必须心里了如指掌，然后才能说出自己的决断。心里明白再做决断这叫英断，心里不明白就做出决断，这叫武断。对自己武断的事情，产生的危害还不大；对他人武断的事情，招致怨恨实在太深了。只有谦虚退让而不肯轻易决断，才能保住自己的福分。

"明强"（中篇）

【原文】

担当大事，全在明强二字。《中庸》学、问、思、辨、行五者，其要归于愚必明，柔必强。凡事非气不举，非刚不济，即修身养家，亦须以明强为本。难禁风浪四字譬还，甚好甚慰。古来豪杰皆以此四字为大忌。吾家祖父教人，亦以懦弱无刚四字为大耻。故男儿自立，必须有倔强之气。惟数万人困于坚城之下，最易暗销锐气。弟能养数万人之刚气而久不销损，此是过人之处，更宜从此加功。

【译文】

至于要担当大事，应该尽心在明强两个字上。《中庸》中的学、问、思、辨、行五方面，最主要的就是要使不明白的弄明白，使不坚强的变坚强。所有的事，没有志气不做，不坚定就做不好，即使是修身养家，也必须以明强为根本。"难禁风浪"这四个字说得很好，大慰我心。自古以来，豪杰之士都以这四个字为大忌。我家祖父教导别人，也说以"懦弱无刚"四字为大耻，所以男儿自立于世，一定要有倔强之气。只是好几万人被困在坚固城池之下，最容易暗中销磨锐气。老弟能保持数万人的刚强士气，长时间不致销磨折损，这正是老弟过人之处，更要在这一点上下功夫。

"明强"（下篇）

【原文】

凡国之强，必须得贤臣工；家之强，必须多出贤子弟。此亦关乎天命，不尽由于人谋。至一身之强，则不外乎北宫黝、孟施舍、曾子三种。孟子之集义而慊，即曾子之自反而缩也。惟曾、孟与孔子告仲由之强，略为可久可常。此外斗智斗力之强，则有因强而大兴，亦有因强而大败。古来如李斯、曹操、董卓、杨素，其智力皆横绝一世，而其祸败亦迥异寻常。近世如陆、何、肃、陈亦皆予知自雄，而俱不保其终。故吾辈在自修处求强则可，在胜人处求强则不可。福益外家，若专在胜人处求强，其能强到底与否尚未可知。即使终身强横安稳，亦君子所不屑道也。

【译文】

凡是强盛的国家，必须得到很多贤良的群臣百官相辅佐；家庭的强盛，必须多出贤良的子弟。这也关系到天命，不全由人来谋划。至于一个人的强弱，则不外乎北宫黝、孟施舍、曾子三种情形。孟子能集思广义而使他满足，这和曾子的自我反省而能屈能伸一样。只有实践曾、孟与孔子告诉仲由的强胜的道理，才稍微可以久长。此外斗智斗力的强弱，则有因为强壮而迅速兴旺，也有因为强壮而惨败。古往今来如李斯、曹操、董卓、杨素，他们的智力都不可一世，而他们的灾难与失败也显然不同寻常。近代如陆、何、肃、陈也都是早就知道自己胆力过人，而他们都不能保持到最终。所以我们在不如人的地方、需要自修的地方，谋求比别人强胜才好，在自己比别人强的地方，谋求比人强胜就不好。福益在外面，假如专门在胜人处逞强，他的这种强胜到底怎样还不得而知。即使他终身都强壮能横行乡里安稳度日，也是君子不屑一顾的。

坚 忍

"坚忍"者何？刚强牢固为坚，勇毅强挺为忍。君予持威重，执坚忍，临大难而不惧，视白刃若无也。欲立不世之功，得成勋世伟业，非坚忍所不能也。坚忍于战则无敌，于礼则大治；外无敌，内大治，厚道载物乎？此乃曾氏《挺经》"坚忍"之法也。

"坚忍"法（上篇）

【原文】

子长尚黄老，进游侠，班孟坚讥之，盖实录也。好游侠，故数称坚忍卓绝之行。如屈原、虞卿、田横、侯嬴、田光及此篇之述贯高皆是。尚黄老，故数称脱屣富贵、厌世弃俗之人。如本纪以黄帝第一，世家以吴太伯第一，列传以伯夷第一，皆其指也。此赞称张、陈与太伯、季札异，亦谓其不能遗外势利、弃屣天下耳。

【译文】

司马迁崇尚黄老，敬仰游侠，班固以此来讥讽他，确合事实。敬仰游侠，所以多次称赞坚忍卓绝的操行。比如屈原、虞卿、田横、侯嬴、田光以及本篇中的贯高都是此类人物。崇尚黄老，所以多次赞誉睥睨富贵、厌世弃俗的人。比如本纪以黄帝为第一，世家以吴太伯为第一，列传以伯夷为第一，都是这个意旨。此篇赞中讲张耳、陈馀和太伯、季札不一样，也是讲他们抛却势利、避弃天下。

"坚忍"法（中篇）

【原文】

昔耿恭简公谓，居官以坚忍为第一要义，带勇亦然。与官场交接，吾兄弟患在略识世态而又怀一肚皮不合时宜，既不能硬，又不能软，所以到处寡合。迪安妙在全不识世态，其腹中虽也怀些不合时宜，却一味浑含，永不发露。我兄弟则时时发露，终非载福之道。雪琴与我兄弟最相似，亦所如寡合也。弟当以我为戒，一味浑厚，绝不发露。将来养得纯熟，身体也健旺，子孙也受用，无惯习机械变诈，恐愈久而愈薄耳。

【译文】

过去耿恭简公说，做官以坚挺、忍耐烦恼为第一重要，带兵也是这样。和官场来往，我们兄弟都害怕在稍稍了解世态而又怀有一肚皮的不合时宜，既不能硬，又不能软，所以到处落落寡合。迪安妙就妙在全然不识世态，他肚子里虽也怀着些不合时宜，但却一味浑厚含容，永不发露。我们兄弟则时时发露，总不是带来福气的办法。雪琴与我们兄弟最相像，也到处少有投合的人。弟应当以我为戒，一味浑厚，永不发露。将来养得性情纯熟，身体也健康旺盛，子孙也受用，不要习惯于官场机变诈伪，恐怕越久就越德行浅薄。

"坚忍"法（下篇）

【原文】

稍论时事，余谓当竖起骨头，竭力撑持。三更不眠，因作一联云："养活一团春意思，撑起两根穷骨头"，用自警也。余生平作自箴联句颇多，惜皆未写出，丁未年在家作一联云："不怨不尤但反身争个一壁清，勿忘勿助看平地长得万丈高"，曾用木板刻出，与此联略相近，因附识之。

夜阅《荀子》三篇，三更尽睡，四时即醒，又作一联云："天下无易境天下无难境,终身有乐处终身有忧处"。至五更,又改作二联,一云:"取人为善与人为善,乐以终身忧以终身";一云:"天下断无易处之境遇,人间那有空闲的光阴"。

【译文】

在议论时事时,我说应当挺起骨头,尽力坚持。三更时作一联,即"养活一团春意思,撑起两根穷骨头",用以自警。我作过很多的联,可惜没有写出留下来。丁未年在家作的联说:"不怨不尤但反身争个一壁清,勿忘勿助看平地长得万丈高",曾经用木板刻写出来,与这个联有些近似,就附在这里。

夜读《荀子》的三篇文章,三更时才睡,四更醒来,又作一联:"天下无易境天下无难境,终身有乐处终身有忧处"。到五更时,又修改了两联,一条是:"取人为善与人为善,乐以终身忧以终身";另一条是:"天下断无易处之境遇,人间哪有空闲的光阴"。

刚 柔

刚柔，坚挺顺弱之谓，五行生克之数。遇险而怯为柔，知难而挺曰刚。君予柔且刚，刚且柔，不畏强御也。心力不刚，多中道沮废，行世过柔，刚逆来顺受。为柔，月缺不改光，为刚，剑折不钝锋。此乃曾氏《挺经》之六法，刚柔是也。

"刚柔"法（上篇）

【原文】

从古帝王将相，无人不由自立自强作出，即为圣贤者，亦各有自立自强之道，故能独立不惧，确乎不拔。昔余往年在京，好与诸有大名大位者为仇，亦未始无挺然特立不畏强御之意。近来见得天地之道，刚柔互用，不可偏废，太柔则靡，太刚则折。刚非暴虐之谓也，强矫而已；柔非卑弱之谓也，谦退而已。趋事赴公，则当强矫，争名逐利，则当谦退；开创家业，则当强矫，守成安乐，则当谦退；出与人物应接，则当强矫；入与妻孥享受，则当谦退。若一面建功立业，外享大名，一面求田问舍，内图厚实，二者皆有盈满之象，全无谦退之意，则断不能久。

【译文】

自古帝王将相，没有不是从自立自强做起，成为圣贤的，即使作为圣贤，他们也各有自立自强的方法，所以才能够独立不惧，确定不移。过去我在京城，好与各位有大名高位的人闹意见，一开始就即有挺然独立不畏强暴之意。近年来体会到天地之道，要刚柔互用，不可偏废，太柔了会萎靡不振，太刚了则容易折断。刚不是指暴虐而说的，只是说强矫而已；柔也不是说要卑弱，而只是谦让而已。办事为公，就应勉强争取；争名逐利，就应当谦退；开创家业，则应勉励为之；守成安乐，则应谦退；出外与人相接触，应当强矫，回家与妻孥享受，则要谦让。如果一面建功立业，外面享有大名，一面求田问舍，内图厚实的待遇，这两者都有盈满的征兆，全无谦退之意，这是绝对不能长久的。

"刚柔"法（中篇）

【原文】

肝气发时，不惟不和平，并不恐惧，确有此境。不特盛年为然，即余渐衰老，亦常有勃不可遏之候。但强自禁制，降伏此心，释氏所谓降龙伏虎。龙即相火也，虎即肝气也。多少英雄豪杰打此两关不过，要在稍稍遏抑，不令过炽。降龙以来养水，伏虎以养火。古圣所谓窒欲，即降龙也；所谓惩忿，即伏虎也。释儒之道不同，而其节制血气，未尝不同，总不使吾之嗜欲戕害吾之躯命而已。

至于"倔强"二字，却不可少。功业文章，皆须有此二字贯注其中，否则柔靡不能成一事。孟子所谓至刚，孔子所谓贞固，皆从倔强二字作出。吾兄弟皆秉母德居多，其好处亦正在倔强。若能去忿欲以养体，存倔强以励志，则日进无疆矣。

【译文】

肝火上升时，不只是不平和，也不恐惧，确实是这种意境。不只是年轻气盛是这样，即使我渐渐老了，也经常有怒不可遏的时候。但是要强迫控制自己，降服自己的心，这就是佛教所谓的降龙伏虎。龙就是相火，虎就是肝火。多少英雄豪杰都过不了这两关，主要是要稍稍控制，不要让肝火过分高涨。降住龙用来养水，伏虎用来养火。古人所说的止息欲望，就是降龙；所说的惩忿，就是伏虎。佛家、儒家方法不一样，但节制血气，没有不同，总是要不让自己的欲望残害自己的身体寿命。

至于"倔强"这两个字，却不能缺少。功业文章，都需要有这两个字的精神贯穿其中，不然软弱无力，一事无成。孟子所说的至刚，孔子所说的贞固，就是从这两个字引出。咱们兄弟都是继承了母亲的品德，它的好处也正是倔强。如果能除去愤恨的欲望而使身体强壮，多些倔强来激励志气，那么就可以无限长进了。

"刚柔"法（下篇）

【原文】

至于强毅之气，决不可无，然强毅与刚愎有别。古语云自胜之谓强。曰强制，曰强恕，曰强为善，皆自胜之义也。如不惯早起，而强之未明即起；不惯庄敬，而强之坐尸立斋；不惯劳苦，而强之与士卒同甘苦，强之勤劳不倦，是即强也。不惯有恒，而强之贞恒，即毅也。舍此而求以客气胜人，是刚愎而已矣。二者相似，而其流相去霄壤，不可不察，不可不谨。

【译文】

至于强毅之气，绝不可无，但强毅与刚愎不同。古语云：自胜之谓强。曰强制，曰强恕，曰强为善，皆自胜之义。如不习惯早起，而强制天未亮即起；不习惯庄重尊敬，而强制参与祭祀仪式；不习惯劳苦，而强制与士兵同甘共苦，勤劳不倦，这就是强。不习惯有恒，而强制自己坚定地持之以恒，这就是毅。而此外，力求以气势胜人，是刚愎。二者相似，其实是天壤之别，不可不察，不可不谨。

英 才

英才，德美艺殊之杰出人物，乃风尚之典范，基业之资本也。予曰："人有五仪：有庸人，有士人，有君子，有圣，有贤。审此五者，则治道毕矣。"英才者，守节而无挠，处义而不怒，见嫌而不苟免，见利而不苟得，成天下之大事，为《挺经》之要也。

"英才"法（上篇）

【原文】

虽有良药，苟不当于病，不逮下品；虽有贤才，苟不适于用，不逮庸流。梁丽可以冲城，而不可以窒穴。嫠牛不可以捕鼠；骐骥不可以守闾。千金之剑，以之析薪，则不如斧。三代之鼎，以之垦田，则不如耜。当其时，当其事，则凡材亦奏神奇之效。否则钼铻而终无所成。故世不患无才，患用才者不能器使而适用也。魏无知论陈平曰："今有尾生孝己之行，而无益胜负之数，陛下何暇用之乎？"当战争之世，苟无益胜负之数，虽盛德亦无所用之。余生平好用忠实者流，今老矣，始知药之多不当于病也。

【译文】

尽管有好的药物，若不对症病情，还不如一般的药物有效；虽然是人才，但工作不适合他的特长，就不如去用差一些的人。质地好的木梁可以撞开城门，却不可用它去堵鼠洞。不可以用强壮的水牛去捕捉老鼠，也不可以用骏马守望家门。价值千金的宝剑用来砍柴，不如斧子好用。三代用过的传世宝鼎，很是贵重，但你用它开垦荒田，还不如木犁。面对具体的时间、具体的事情，只要你用人恰当，普通人也可以收到神奇的效果。不然，分不开宝剑、锄头的特性，什么事情都得弄糟。因此说世上不害怕没

有人才，而害怕是不知道使用人才，量才而用。魏无知在评论陈平时说："现在有个后生，很懂得孝德，但不懂得打仗胜负的谋略，您怎么用他呢？"当国家处于乱时，用的不是掌握胜负之谋的人，虽然有大德，也是不能用的。我生平喜用忠实可靠的人，如今老了，才知道世上药物虽然多，也有治不了的病。

"英才"法（中篇）

【原文】

无兵不足深虑，无饷不足痛哭，独举目斯世，求一攘利不先、赴义恐后、忠愤耿耿者，不可亟得；或仅得之，而又屈居卑下，往往抑郁不伸，以挫、以去、以死。而贪饕出缩者，果骧首而上腾，而富贵、而名誉、而老健不死，此其可为浩叹者也。默观天下大局，万难挽回，侍与公之力所能勉者，引用一班正人，培养几个好官，以为种子。

【译文】

没有兵士，不值得焦虑，军费匮乏，不值得痛哭，而真正值得焦虑的是，不能立即找到见利不争、义字当先、忠挚做事的人才。这种人才或许可以得到，但因为他地位卑下，往往因此而气闷不舒、受尽委屈挫折、罢免离开直至死去。而那些暴虐贪婪又善于钻营的人却因为占据好的位置，而长享富贵，拥有受人尊重的名誉，故此健康长寿而不死。这是我最为慨叹无奈的事情。静观天下大势，这种情况难以挽回，我们所能共同勉励的，就是要尽力重用一些正人君子，培养几个好官，作为变革时事的种子力量。

"英才"法（下篇）

【原文】

天下无现成之人才，亦无生知之卓识，大抵皆由勉强磨炼而出耳。《淮南子》曰："功可强成，名可强立。"董子曰："强勉学问，则闻见博；强勉行道，则德日进。"《中庸》所谓"人一己百，人十己千"，即强勉功夫也。今世人皆思见用于世，而乏才用之具。诚能考信手载籍，问途于已经，苦思以求其通，躬行以试其效，勉之又勉，则识可渐通，才亦渐立。才识足以济世，何患世莫己知哉？

【译文】

天下没有现成的人才，也没有生来就具有远见卓识的人。人才大多都是在艰难困苦中磨炼出来的。《淮南子》说："功劳能够在强迫威逼下创造出，功名可以在强迫威逼下立起来。"董仲舒说："努力地做学问，所知道的知识就会广博；努力地寻求真理，道德修养会日日进步。"《中庸》里所说的"别人知道一件事，你要知道一百个，别人知道十件事，你要知道一千个"的话，就是要人多做困苦付出的功夫。现在的人都企盼为世所用，缺乏拯救社会的才略准备。如果真正能从古代典籍加以对证，再向那些已经为社会做出贡献的人学习，苦苦思索为世所用的办法，并亲身去实践，努力再努力，那么就可以通达识变，才识就逐渐地培养起来了。才识能够有益于社会，怎还能担心社会上不知道你呢？

廉　矩

廉，操守之洁美，矩，行止之法度。居官也，为士也，廉而守身，矩而致远。是故，身贱而志不贱，身贫而志不贫，身屈而志不屈，身辱而志不辱。天理昭昭，民心朗朗，心广神清，梦寐攸宁，气宇光霁，类聚平和，此乃《挺经》之八法"廉矩"也。

"廉矩"法（上篇）

【原文】

翰臣方伯廉正之风，令人钦仰。身后萧索，无以自庇，不特廉吏不可为，亦殊觉善不可为。其生平好学不倦，方欲立言以质后世。弟昨赙之百金，挽以联云："豫章平寇，桑梓保民，休讶书生立功，皆从廿年积累立德立言而出；翠竹泪斑，苍梧魂返，莫疑命妇死烈，亦犹万古臣子死忠死孝之常。"登高之呼，亦颇有意。位在客卿，虑无应者，徒用累欷。韩公有言："贤者恒无以自存，不贤者志满气得。"盖自古而叹之也。

【译文】

翰臣方伯廉洁正派的作风，令人钦佩仰慕。他死后家境萧条，无法庇护自己的妻子家人，让人觉得清廉的官员不能去做，也特别觉得善人不可为。他一生好学不倦，正打算著书传诸后世。我昨天送去一百两银子帮助他家办理丧事，为悼念他作了一副对联说："在豫章平定贼寇，保护家乡人民，不要惊讶书生能够建立奇功，都是从二十年积累的道德学问中产生；翠竹斑斑如滴泪，苍梧招魂欲返回，不要怀疑贤妻能够死节，也如同万古臣子为忠孝而死的常行。"站出来大声呼吁，也颇有号召众人的意思。我处在客卿的位置上，估计没有响应的人，而只好独自叹息。韩愈说过："有德识的人常常无法维持自己的生存，无德无识的人却得意洋洋。"自古以来人们就对此长叹不已啊！

"廉矩"（中篇）

【原文】

古之君子之所以尽其心、养其性者，不可得而见；其修身、齐家、治国、平天下，则一秉乎礼。自内焉者言之，舍礼无所谓道德；自外者言之，舍礼无所谓政事。故六官经制大备，而以《周礼》名书。春秋之世，士大夫知礼、善说辞者，常足以服人而强国。战国以后，以仪文之琐为礼，是叔齐之所讥也。荀卿、张载兢以礼为务，可谓知本好古，不逐乎流俗。近世张尔岐氏作《中庸论》，凌廷堪氏作《复礼论》，亦有以窥见先王之大原。秦蕙田氏辑《五礼通考》，以天文、算学录人为观象授时门；以地理、州郡录入为体国经野门；于著书之义例，则或驳而不精；其于古者经世之礼之无所不该，则未为失也。

【译文】

古代的君子讲求廉矩，是如何竭其心力、修养德行，我们是不能见到了；他们修养身心，管理家庭，治理国家平定天下，全部秉持的是礼。从内部来说，如果舍弃了礼就无所谓道德；从外边来说，舍弃了礼就无所谓政务。所以六卿之官设置完备，而记录的书籍以《周礼》为书名。春秋时代，士大夫通晓礼，善于游说辞令的人常常能够说服人，而使他的国家强盛。战国以后，以仪式外表华美琐碎为礼，就是叔齐也要讥讽的。荀卿、张载小心谨慎地以礼为实务，可以称得上知晓根本，喜好古风，不去追逐流俗。近代张尔歧作《中庸论》，凌廷堪作《复礼论》，也可以从中看到先王教化的原貌。秦蕙田编《五礼通考》，把天文、算学录入观象授时门一类；把地理、州郡录入体国经野门一类；这样做，对于著书意义和条例来讲，有点繁杂不精了，但该书对古代经理世事的礼则全具备了，这也说不上失误。

"廉矩"法(下篇)

【原文】

崇俭约以养廉。昔年州县佐杂在省当差,并无薪水银两。今则月支数十金,而犹嫌其少。此所谓不知足也。欲学廉介,必先知足。观于各处难民,遍地饿莩,则吾人之安居衣食,已属至幸,尚何奢望哉?尚敢暴殄哉?不特当廉于取利,并当廉于取名。毋贪保举,毋好虚誉,事事知足,人人守约,则可挽回矣。

【译文】

崇尚节俭,是用来养廉。过去,州县的佐杂官员到省城任职,国家并没有固定的薪水。如今,每月可以得到数十两银子,还嫌得到的少。这就是所说的不知足。要想知道廉耻,一定要先知足。看那些各地的难民,到处是饿死的人,而我们能不缺衣食住房,属于万幸了,还有什么奢望的呢?还敢任意糟蹋东西吗?我们要正当地获得利益,正当地获得名誉。不要贪图向上保举而获得功劳,不要贪图虚浮名誉。要事事知足,人人守纪律,正当的风气就可以挽回了。

勤　敬

勤，挺躬劳辱，忠执不懈；敬，礼之舆也，德之聚也。识得勤，知民生在勤，勤则不匮；识得敬，知为臣在敬，敬而无遹也。是故，险路之远，挺而验之，艰苦之境，挺而尝之，不失于色，不失于足，不失于口，勤而敬，无患天下无治。为宦挺挺于世，此乃曾门《挺经》"勤敬"之法也。

"勤敬"法（上篇）

【原文】

为治首务爱民，爱民必先察吏，察吏要在知人，知人必慎于听言。魏叔子以孟子所言"仁术"，"术"字最有道理。爱而知其恶，恶而知其美，即"术"字之的解也。又言蹈道则为君子，违之则为小人。观人当就行事上勘察，不在虚声与言论；当以精己识为先，访人言为后。

【译文】

从事政条，首先在于爱民，要爱民必须先察官吏，察举官吏最重要的在于知人，而知人必须慎于听取言论。魏叔子认为孟子所讲的是"仁术"，"术"字最耐人寻味。喜爱一个人而知其所短，厌恶一个人而知其所长，就是"术"字最好的、最贴切的意义。又讲遵行大道就是君子，违反大道就是小人。观察一个人应当从他的行为上去观察，不在于虚假的名声和言论；应当以提高自己的明识为先，访察别人的言论在后。

"勤敬"法（中篇）

【原文】

古人修身治人之道，不外乎勤、大、谦。勤若文王之不遑，大若舜禹之不与，谦若汉文之不胜，而勤谦二字，尤为彻始彻终，须臾不可离之道。勤所以儆惰也，谦所以儆傲也，能勤且谦，则大字在其中矣。千古之圣贤豪杰，即奸雄欲有立于世者，不外一勤字，千古有道自得之士，不外一谦字，吾将守此二字以终身，倪所谓朝闻道夕死可矣者乎！

【译文】

古人修身治国的方法，是勤政、胸怀广大、廉谨。勤政如同文王那样，胸怀宽广如同舜禹那样，廉谨若汉文那样，就会无往不胜。而勤政和廉谨尤为重要，从始至终，一刻也不能忘记。能勤政而且廉谨，才是大胸怀。千古的圣贤人物，哪怕是奸雄，要立于世上，不外也是个"勤"字。能够晓得千古之真理大道的，只是一个"谦"字。我们守住这两条，就可以说是"早晨知道了人间真谛，晚上死也值得"了。

"勤敬"法（下篇）

【原文】

国藩从宦有年，饱阅京洛风尘，达官贵人，优容养望，与在下者软熟和同之象，盖已稔知之，而惯常之积不能平，乃变而为慷慨激烈，斩爽肮脏之一途，思欲稍易三四十年来不白不黑、不痛不痒、牢不可破之习，而矫枉过正，或不免流于意气之偏，以是屡蹈愆尤，丛讥取戾，而仁人君子固不当责以庸之道，且当怜其有所激而矫之之苦衷也。

诸事棘手，焦灼之际，未尝不思遁入眼闭箱子之中，昂然甘寝，万事不视，或比今日人世差觉快乐。乃焦灼愈甚，公事愈烦，而长夜快乐之期杳无音信。且又晋阶端揆，责任愈重，指摘愈多。人以极品为荣，吾今实以为苦懊之境。然时势所处,万不能置事身外,亦惟有作一日和尚撞一天钟而已。

【译文】

我踏入仕途已有多年,久已领略了京城的境况风气,那些身居高位的显官要员,故意显示以提高自己的名望,对待部下姑息纵容,一团和气,对这种现象我知道得很清楚,但自己多年养成的禀性并未因此磨平,越发变得慷慨激烈,果敢亢直。心里打算稍稍改变一下社会三四十年来形成的不分黑白、不着痛痒、难以破除的风气,不过,纠正偏差难免会超过原有的限度,有时不免出现意气用事的偏颇,因此经常招致怨恨,被人议论纷纷而自取其咎。然而,真正的有道君子对待他人,本来就不应当仅仅拿中庸之道来苛责,还应该同情体谅他之所以被刺激而起来纠正恶俗的苦衷啊!

许多事都很难办,焦虑的时候不是没想过干脆睡到棺材里算了,什么事也不管,也许比现在活在人世更觉快乐。于是焦虑得越多,公事就觉得烦乱,而死期却杳无音信。而我又升为大学士,责任越重,被人指责的地方也越多。别人以当上一品官为荣耀,我现在真是把它当作痛苦、懊恼的境界。但被形势所逼,绝不能置身事外,也只有当一天和尚撞一天钟罢了。

诡　道

诡道，兵胜之术也。用兵隐匿谋诈，攻城智取奇胜，古人云：军不厌诈。万弩齐发，孙膑之奇也；千牛俱奔，田单之谋也。打仗不慌不忙，先求稳当，次求变化；办事无声无息，既要精到，又要简便。鞭敲金镫，取州夺县，兵家之大道也。此乃《挺经》之十也。

"诡道"法（上篇）

【原文】

带勇之法，用恩莫如用仁，用威莫如用礼。仁者，即所谓欲立立人，欲达达人也。待弁勇如待子弟之心，尝望其成立，望其发达，则人之恩矣。礼者，即所谓无众寡，无小大，无敢慢、泰而不骄也。正其衣冠，尊其瞻视，俨然人望而畏之，威而不猛也。持之以敬，临之以庄，无形无声之际，常有懔然难犯之象，则人知威矣。守斯二者，虽蛮貊之邦行矣，何兵勇之不可治哉。

【译文】

带兵的方法，用恩不如用仁，用威严不如用礼遇。"仁"的意思就是，自己要想立身，要先让别人立身，自己要达到某个目的，先让别人达到那个目的。对待士兵要用对待子弟的心情，希望其立身，希望去发达，人才感恩于你。"礼"的意思，指人与人之间平等，不分大小，不分上下，不能侮慢，安适而不骄傲。衣冠端正，严肃待人，好像望而生畏，却威而不猛。待人庄重持敬，无形无声之中现出崇高的气象，这样，别人就尊重他的威严。知道这两方面，到其他国家也行得通，何况带兵治军了。

"诡道"法（中篇）

【原文】

兵者，阴事也，哀戚之意，如临亲丧，肃敬之心，如承大祭，庶为近之。今以羊牛犬豕而就屠烹，见其悲啼于割剥之顷，宛转于刀俎之间，仁者将有所不忍，况以人命为浪博轻掷之物。无论其败丧也，即使幸胜，而死伤相望，断头洞胸，折臂失足，血肉狼藉，日陈吾前，哀矜不遑，喜于何有？故军中不宜有欢欣之象，有欢欣之象者，无论或为悦，或为骄盈，终归于败而已矣。田单之在即墨，将军有死之心，士卒无生之气，此所以破燕也；及其攻狄也，黄金横带，而骋乎淄渑之间，有生之乐，无死之心，鲁仲连策其必不胜，兵事之宜惨戚，不宜欢欣，亦明矣。

【译文】

用兵是一种冷酷的事情，有哀怜痛惜之意，如丧亲人，肃穆之心应与祭奠仪式相同。如今杀羊牛狗猪，见到嚎叫刀割之时，很快就上了肉案，仁慈的人不忍看，何况以人命来相搏杀的争战之事了。无论是失败的，胜利的，看到死的死，伤的伤，断头断胸，失臂伤足，血肉模糊，每日放在人前，哀戚有余，有什么可欢喜的呢？所以，军队中不应有欢乐景象。有欢乐之象，无论是喜悦还是骄傲，一定要失败的。田单在即墨时，将军有死之心，士兵没有生气，因此被燕所破，攻狄时旌旗鲜明，驰骋在淄渑之地，有生的欢乐，没有死的心意，因此鲁仲连用策也不能取胜。用兵之事应哀怜痛惜，不应有欢欣之象，才是明智的。

"诡道"法（下篇）

【原文】

练兵如八股家之揣摩，只要有百篇烂熟之文，则布局立意，常有熟径可寻，而腔调亦左右逢源。凡读文太多，而实无心得者，必不能文者也。用兵亦宜有简练之营，有纯熟之将领，阵法不可贪多而无实。

此时自治毫无把握，遽求成效，则气浮而乏，内心不可不察。进兵须

由自己作主，不可因他人之言而受其牵制。非特进兵为然，即寻常出队开仗亦不可受人牵制。应战时，虽他营不愿而我营亦必接战；不应战时，虽他营催促，我亦且持重不进。若彼此皆牵率出队，视用兵为应酬之文，则不复能出奇制胜矣。

【译文】

练兵如八股家的思维，只要有百篇烂熟的文章，那么结构、立意，常有熟路可寻，腔调也会左右逢源。凡是读文太多，实际上无心得的人，必然是不能作文的人。用兵也应该有简练的军营，有纯熟的将领，阵法不可贪多而无实。

这种时候自己整治是毫无把握的，立刻追求成效，就会志气上浮而感困乏，弟心中不可不明白这一点。进兵必须由自己做主，不可由于有他人的言论而受到牵制。不但进兵是这样，连平常出兵开仗也不能受人牵制。应作战时，即使别的营垒不愿出战而我的营垒也一定要接战，不应交战时，即使其他营垒催促，我营也暂且持重而不进兵。如果彼此都牵连出兵，把用兵看成写应酬文章，那就不再能出奇制胜了。

久 战

久战，心如铁石之挺，意志坚韧之战，生存使然，圣贤之道也。何以载物？久战之毅；何以存吾？久战之役也。颜曰：凿不休则沟深，斧不止则薪多，此乃至理。然则，以圣贤之道奋始易，以圣贤之道克终难，故曰：绳锯木断，且挺且韧，此乃《挺经》"久战"之法也。

"久战"法（上篇）

【原文】

久战之道，最忌势穷力竭四字。力则指将士精力言之，势则指大局大计及粮饷之接续。贼以坚忍死拒，我亦当以坚忍胜之。惟有休养士气，观衅而动，不必过求速效，徒伤精锐。迨瓜熟蒂落，自可应手奏功也。

【译文】

打持久战最忌讳的便是"势穷力竭"四个字。力，是指将士的精力而言；势，则是指大局和全盘作战计划、粮饷的补充。坚持下来与之抗衡，然后才能取得胜利。这只有充分休养士兵，相时而动，不必急于求胜而抢时间，白白地消耗精锐。等到时机成熟，举兵歼灭，凯歌而还。

"久战"法（中篇）

【原文】

凡与贼相持日久，最戒浪战。兵勇以浪战而玩，玩则疲；贼匪以浪战而猾，猾则巧。以我之疲战贼之巧，终不免有受害之一日。故余昔在营中

诫诸将曰："宁可数月不开一仗，不可开仗而毫无安排算计。"

【译文】

凡是和敌人相持日久，最要戒备的是浪战。兵勇因为浪战而不认真对待，不认真就会疲乏；敌人因为浪战而变得狡猾，狡猾就会精巧。用我军的疲乏与敌人的精巧作战，最终不免有受害的一天。所以我过去在营中告诫诸将说："宁可数月不开一仗，不可开仗而毫无安排算计。"

"久战"法（下篇）

【原文】

夫战，勇气也，再而衰，三而竭，国藩于此数语，常常体念。大约用兵无他巧妙，常存有余不尽之气而已。孙仲谋之攻合肥，受创于张辽；诸葛武侯之攻陈仓，受创于郝昭，皆初气过锐，渐就衰竭之故。惟荀䓨之拔逼阳，气已竭而复振；陆抗之拔西陵，预料城之不能遽下，而蓄养锐气，先备外援，以待内之自毙。此善于用气者也。

【译文】

打仗要靠勇气，一鼓作气，第二次进攻，力量就会减弱，第三次发起进攻，力量几乎衰竭了，这是古人用兵的经验。我对这几句话，经常在内心仔细玩味。大约用兵并无其他奥秘，只不过是保存锐气、不可用尽而已。三国时，孙权攻打合肥，受挫于魏将张辽；诸葛亮打陈仓（今陕西宝鸡东），受创于魏将郝昭，吴、蜀之败，都是由于起初气势太盛，难以持久，最后决战就使不上多大力量了。只有荀䓨攻克逼阳时，原本竭尽的士气又再次振作；陆抗攻克西陵，事先便料到难以一时取胜，因而养精蓄锐，先安排好外援，等待城中敌人力衰自亡。这就是善于利用士气的人。

廪 实

廪，积聚、储存也；实，盈满、富裕也。廪实乃言财物丰足，衣食不匮，知礼节晓荣辱，国富民强也。廪实有三：勤俭持家、劳作不辍、为商谋利也。敦品行，戒奢华，耐辛苦，家财如泉，斯流不竭。道悬于天，物布于地，智者以衍，乃《挺经》之十二法"廪实"也。

"廪实"法（上篇）

【原文】

勤俭自持，习劳习苦，可以处乐，可以处约，此君子也。余服官二十年，不敢稍染官宦气习，饮食起居，尚守寒素家风，极俭也可，略丰也可，太丰则不敢也。凡仕宦之家，由俭入奢易，由奢返俭难，尔年尚幼，切不可贪爱奢华，不可惯习懒惰。无论大家小家、士农工商，勤苦俭约，未有不兴，骄奢倦怠，未有不败。

大抵军政吏治，非财用充足，竟无从下手处。自王介甫以言利为正人所诟病，后之君子例避理财之名，以不言有无，不言多寡为高。实则补救时艰，断非贫穷坐困所能为力。叶水心尝谓，仁人君子不应置理财于不讲，良为通论。

【译文】

勤俭自立，善劳作，能吃苦，既可以置身于快乐的环境，又可以置身于节俭的环境。这就是知书达理的人。我做官二十年，一点儿也不沾染官宦习气，饮食起居，还保持艰苦朴素的家风，极俭朴也可以，略丰厚也可以，太丰厚我是不敢领受的。凡为仕宦家庭，由俭朴到奢侈容易，由奢侈再恢复俭朴可就难了。人不可贪图奢侈豪华，不可养成懒惰的。无论大家

小家、士农工商，凡是勤俭节约，就没有不兴旺的，凡是骄奢倦怠，就没有不破败的。

在治军、治国等方面，没有充足的财力，便无从下手。自从王安石理财，被正人君子议论后，很多人就避开理财的问题，以不说有无多寡为高明。但到补救时就艰难了，面对贫穷困苦无能无力。叶适曾经说，仁人君子不能不讲理财的问题，这是个很好的说法。

"廪实" 法（中篇）

【原文】

夷务本难措置，然根本不外孔子忠、信、笃、敬四字。笃者，厚也。敬者，慎也。信，只不说假话耳。然却极难。吾辈当从此字下手，今日说定之话，明日勿因小利害而变。如必推敝处主持，亦不敢辞。祸福置之度外，但以不知夷情为大虑。沪上若有深悉洋情而又不过软媚者，请邀之来皖一行。

以正理言之，即孔子忠敬以行蛮貊之道。以阴机言之，即勾践卑辱以骄吴人之法，闻前此沪上兵勇多为洋人所侮慢，自阁下带湘淮各勇到防，从无受侮之事。孔子曰能治其国家，谁敢侮之。我苟整齐严肃，百度修明，渠亦自不至无端欺凌。既不被欺凌，则处处谦逊，自无后患。柔远之道在是，自强之道亦在是。

【译文】

洋务很难处理，但根本的问题不外是孔夫子所说的忠、信、笃、敬四个字。笃，就是淳厚；敬，慎重；信，就是不说假话。然而，做到却极难。我们该从此处下手，今日说定的话，明日不能因小冲突改变。如果一定推到我去主持，也不敢怠慢。是祸是福，置之度外，但不懂得洋务，这才是最大的难处。上海那里如有懂得洋务而又淳厚的，请他来我这里一趟。

从正理上说，我们应以孔子的忠敬来与洋人处事，从机谋上讲，可以用勾践卑辱的方式来对付洋人。听说上海的士兵被洋人侮辱，自从你带兵从没遇到过这样的事。孔子说，能够自治的国家，谁敢侮辱。如果我们整齐严肃，百业兴盛，也就不能无端被欺侮了。既不被欺凌，又处处廉明谦逊，自然没什么可忧虑的。以柔致远路是这样，自强的路也是这样。

"廪实"法(下篇)

【原文】

第就各省海口论之,则外洋之通商,正与内地之盐务相同。通商系以海外之土产,行销于中华。盐务亦以海滨之场产,行销于口岸。通商始于广东,由闽、浙而江苏、而山东,以达于天津。盐务亦起于广东,由闽、浙而江苏、而山东,以达于天津;吾以"耕战"二字为国,泰西诸洋以"商战"二字为国,用兵之时,则重敛众商之费;无事之时,则曲顺众商之情。众商之所请,其国主无不应允。其公使代请于中国,必允而后已。众商请开三子口,不特便于洋商,并取其便于华商者。中外贸易,有无交通,购买外洋器物,尤属名正言顺。

【译文】

就各省海口来说,我认为和外洋通商,与内地盐务相同。通商是允许海外的土特产行销于中国。盐务好比海滨场产,行销于口岸。通商开始于广东,由闽、浙波及江苏、山东,最后到达天津盐务也开始于广东,由闽、浙波及到江苏、山东,最后到达天津。吾以"耕战"治国,西方诸国以"商战"治国,打仗的时候,就提高各商人的税赋,没有战事的时候,就顺乎众商人的意愿。商人所请求的事情,他们的君主没有不答应的。那些公使代替君主请求中国,必定要中国答应才罢休。众商要求开放三个港口,这不仅便利外商,而且对于我国的商务也有益处。中国与外国通商贸易,互通有无,购买外国人的商品物件,是很名正言顺的事情。

近代名人文库精粹

峻 法

峻，严也，厉也，不得枉妄之貌；法，律也，范也，人之行为准则。以峻法为制范，处理国政。牧民治军，富国强兵，全赖峻法也。与敌战，兵勇进而不退，是畏法也，兵勇退而不进，是畏敌也，赴汤蹈火而杀敌者，是峻法在后也。此乃《挺经》之十三法，倡其至尚无枉也。

"峻法"法（上篇）

【原文】

世风既薄，人人各挟不靖之志，平居造作谣言，幸四方有事而欲为乱，稍待之以宽仁，愈嚣然自肆，白昼劫掠都市，视官长蔑如也。不治以严刑峻法，则鼠子纷起，将来无复措手之处。是以壹意残忍，冀回颓风于万一。书生岂解好杀，要以时势所迫，非是则无以锄强暴而安我屠弱之民。牧马者，去其害马者而已；牧羊者，去其扰群者而已。牧民之道，何独不然。

【译文】

世风不厚之后，人们各自都怀有不安分的心思，平时造谣惑众，希望天下大乱而去作恶为害，稍微对他们宽大仁慈些，他们就更加嚣张放肆，光天化日之下竟敢在都市抢劫，将官府君长视同无物。不拿严厉的刑法处治他们，那么，坏人就会纷纷而起，将来酿成大祸就无法收拾了。因此才注重采取残酷手段，希望起到哪怕是点滴的作用来挽救这败坏已极的社会风气。读书人哪里喜欢大开杀戒，关键是被眼下的形势所逼迫的，不这样就无法铲除强暴从而安抚我们软弱的人民。牧放马群，去掉害群之马就可以了；牧放羊群，去掉乱群的羊就可以了；治理民众的道理，为什么独独不是这样呢？

"峻法"法（中篇）

【原文】

医者之治瘠痈，甚者必剜其腐肉而生其新肉。今日之劣弁羸兵，盖亦当之为简汰，以剜其腐者，痛加训练，以生其新者。不循此二道，则武备之弛，殆不知所底止。立法不难，行法为难。凡立一法，总须实实行之，且常常行之。

【译文】

医生治疗瘦弱的痈疮病人时，如果病情严重，必定剜掉他身上的腐肉，以便生出新肉。现在军中品行恶劣、体质差的士兵，也应该予以淘汰，好比剜去人们身上的烂肉一样，而且，必须严格训练，促成战斗力的早日形成。如果不按照上述两种办法整顿军队，则武备的废弛，不知要到何时才会有所改变。立法并非难事，难在依法办事。每制定一项法令，都要实实在在地施行它，并持之以恒，长久坚持下去。

"峻法"法（下篇）

【原文】

以精微之意，行吾威厉之事，期于死者无怨，生者知警，而后寸心乃安。待之之法，有应宽者二，有应严者二。应宽者：一则银钱慷慨大方，绝不计较，当充裕时，则数十百万掷如粪土，当穷窘时，则解囊分润，自甘困苦；一则不与争功，遇有胜仗，以全功归之，遇有保案，以优奖笼之。应严者：一则礼文疏淡，往还宜稀，书牍宜简，话不可多，情不可密；一则剖明是非，凡渠部弁勇有与官姓争讼，而适在吾辈辖境，及来诉告者，必当剖决曲直，毫不假借，请其严加惩治。应宽者，利也，名也；应严者，礼也，义也。四者兼全，而手下又有强兵，则无不可相处之悍将矣。

【译文】

执法者要以谨慎精确的态度，行使这一昭示我们军威权威的职事，务

求达到使受惩罚而死的人心服口服，没有怨言，使其他活着的人们知道警戒，免蹈覆辙的效果，这样我们的内心才能获得安宁。我们对待他的办法，两方面应宽，有两点要严。应该宽的两方面是：一方面银钱要慷慨大方，绝不计较，在充裕时，就将数十万上百万的钱掷之如粪土，在穷困时，也要解囊分润，自甘困苦，另一方面不与他争功，遇到胜仗，把全部功劳归于他，遇有保举的事情，用优奖笼住他。应该对他严格的是，一要礼文疏远、淡泊，来往要稀少，书信要简单，话不要多，情不要密；二是要讲明是非，凡是他的部下弁勇与官姓争斗，而恰巧在我们的辖境之内，又有来诉告的人，一定要弄清原委，毫不假借，请他严加惩治。应宽的是利、是名；应严者是礼、是义。四方面顾及全了，手下又有强兵，就完全可以和悍将相处了。

外　王

外王，神形动静之态。尊也，大也，神也，胜也，朝气盛旺之象。谓不畏强御，弃疑赴险，水行不避蛟龙，陆行不避兕虎，任重而道远，弘毅而直前，同类中吾不弱，求最强也。此乃《挺经》之要旨，为"外王"之经法也。

"外王"法（上篇）

【原文】

逆夷据地求和，深堪发指。卧之侧，岂容他人鼾睡！时事如此，忧患方深。至于令人敬畏，全在自立自强，不在装模作样。临难有不屈挠之节，临财有不沾染之廉，此威信也。《周易》立家之道，尚以有孚之威归反诸身，况立威于外域，求孚于异族，而可不反诸己哉！斯二者似迂远而不切合事情，实则质直而消患于无形。

【译文】

外国人占据我国的地盘请求停止作战，这非常令人感到愤慨。在我们的国土上，怎么能容忍外国人为所欲为？近来国家大事如此艰危，令人深为忧虑担心。至于叫外国人敬畏我们，那也是我们自立自强的自然结果，而不在装模作样。所谓威信是指我们在危难到来的时候，有不屈不挠的气概，面对钱财有清廉的君子之风。《周易》中谈到一个家庭的立家之道，尚且说要建立起令人信服的威望，必须从家长自身做起，何况要立威于外国，使外国人信服我们，怎么能不从自己做起呢！以上所说的恩信和威信，初听起来让人觉得迂远而不切合实际，其实正是简单而真切的确论，它可以于无形中消除许多祸患。

"外王"法（中篇）

【原文】

凡恃己之所有夸人所无者，世之常情也；忽于所习见、震于所罕见者，亦世之常情也。轮船之速，洋炮之远，在英、法则夸其所独有，在中华则震于所罕见。若能陆续购买，据为己物，在中华则见惯而不惊，在英、法，亦渐失其所恃。购成之后，访募覃思之士，智巧之匠，始而演习，继而试造，不过一二年，火轮船必为中外官民通行之物，可以剿发逆，可以勤远略。

【译文】

拿自己的东西向没有这种东西的人炫耀，也是世之常情；那些忽视司空见惯的，但对极少见的东西感到震惊，是世之常情。轮船的迅疾，洋炮射程的遥远，被英、法两国炫耀为独有的东西，而我们中国却对这种我们极少见的事物感到吃惊。我们若能陆续购买这些轮船大炮，据为己有，那么在我们中国就会对它司空见惯而不致于惊讶，相反英、法也会逐渐丧失它的倚仗。买回来之后，招募那些精思灵巧之士，机智乖巧之人，开始慢慢地操练演习，然后尝试制造，不出一二年，火轮船一完成为中外官民通行时的必备物，同时还可以用来剿灭太平军，为巩固国家的长远战略服务。

"外王"法（下篇）

【原文】

师夷之智，意在明靖内奸，暗御外侮也。列强乃数千年未有之强敌。师其智，购其轮船机器，不重在剿办发逆，而重在陆续购买，据为己有。粤中猖獗，良可愤叹。夷情有损于国体，有得轮船机器，仍可驯服，则此方生灵，免遭涂炭耳。有成此物，则显必宣中国之人心，即隐以折彼族之异谋。各处仿而行之，渐推渐广，以为中国自强之本。

【译文】

学习洋人的智慧和技术，表面上的用意是在于平定内乱，实际是在暗中做充分的准备，来抵御列强的欺侮。列强是几千年来未有的强敌。学习他们的智技，购买他们的轮船和机器，不是为了打击匪寇，而是为了陆续地购买，为我们国家所有。洋人在广东一带很猖獗，实在令人可恨可叹；洋人的放肆有损于我们国体。有了轮船机器，就可以驯服他们。那样，我们的老百姓就可以免遭劫难了。有了这多机器，从外表来看，可以稳定国内的人心力量；在深层上说，可以拆穿和抵御列强的侵华阴谋。各地都要仿照着这样做，渐渐推广，这是我中国自强最主要的事情。

忠 疑

"忠疑"之谓，危身奉上，险不辞难，却遭猜疑毁谤，黑白相昧。若何？君子之心，廓然大公。忍侮于大者，乃曰大挺，忍侮于小者，乃曰小挺。法韩信笑出胯下，挺直于青史，不亦悠然乎？此乃曾门《挺经》十五法，"忠疑"是也。

"忠疑"法（上篇）

【原文】

盖君子之立身，在其所处。诚内度方寸，靡所于疚，则仰对昭昭，俯视伦物，宽不怍，故冶长无愧于其师，孟博不惭于其母，彼诚有以自伸于内耳。足下朴诚淳信，守己无求，无妄之灾，翩其相戾，顾衾对影，何悔何嫌。正宜益懋醇修，未可因是而增疑虑，稍渝素衷也。国藩滥竽此间，卒亦非善。肮脏之习，本不达于时趋；而逡循之修，亦难跻于先进。独是蜎守介介，期不深负知己之望，所知惟此之兢兢耳。

【译文】

大体说来，有道君子使自己有所建树，在于他所处的环境地位。确实做到了反省自己的内心，毫无愧疚之处，那么仰望苍天日月，俯视大地万物，就心怀宽松不惭不羞，所以，公冶长对于他的老师孔子没有愧对的地方，东汉的范滂没有辱没其母的教诲，他们都有内心足以自信的东西。您纯朴诚实，恪守自己的本分无求于人，可是那些意外的灾祸，却接二连三地降临到您的身上，夜晚独处，对影沉思，悔恨交集。这种时候，正应该加强提高修养，不能因此而增添疑虑，稍稍降低自己一贯的信念。我在这里滥竽充数，无所作为，终归也不会有好结果。我一向刚正，本来就跟不上眼下的形势；而缓慢地学习，也难以进入高明的境界，只有一件，那就恪守自己的独立原则，以期不十分辜负知己朋友对我的希望，所始终追求的只是小心谨慎地做到这些。

"忠疑"法（中篇）

【原文】

持矫揉之说者，譬杞柳以为桮棬，不知性命，必致戕贼仁义，是理以逆施而不顺矣。高虚无主见者，若浮萍遇于江湖，空谈性命，不复求诸形色，是理以豕怳不顺矣。惟察之以精，私意不自蔽，私欲不自挠，惺惺常存，斯随时见其顺焉。守之以一，以不贰自惕，以不已自循，栗栗惟惧，斯终身无不顺焉。此圣人尽性立命之极，亦即中人复性知命之功也夫！

【译文】

主张矫揉造作之说的人，就好像把杞柳树当成枝条编成的杯盘一般，不通晓性命之理，必然会残害仁义，使道理颠倒而不顺畅。高谈虚玄妙论而无主见的人，好像浮萍泊于江湖之上，空论性命之学问，不再讲求事物的形状与颜色，这种理论，实际上是模糊不清的，也难说得通顺。只有体察精微，并不隐蔽自己的意图，不屈挠自己的欲望，清醒与机灵常常存于心中，才能随时看到这样人的顺利行事。坚守唯一目的，经常告诫自己专一不二，经常遵循前进不已的原则，战战兢兢恐惧失误，这样就会终身没有不顺利的。这是圣人尽自己性情，而立身处世的最高境界，也是一般人恢复自己本来性情立身处世的有效法则。

"忠疑"法（下篇）

【原文】

阅王夫之所注张子《正蒙》，于尽性知命之旨，略有所会。盖尽其所可知者，于己，性也；听其不可知者，于天，命也。《易·系辞》"尺蠖之屈"八句，尽性也；"过此以往"四句，知命也。农夫之服田力穑，勤者有秋，散惰者歉收，性也；为稼汤世，终归礁烂，命也。爱人、治人、礼

人,性也;爱之而不亲,治之而不治,礼之而不答,命也。圣人之不可及处,在尽性以至于命。尽性犹下学之事,至于命则上达矣。当尽性之时,功力已至十分,而效验或有应有不应,圣人于此淡然泊然。若知之若不知之,若着力若不着力,此中消息最难体验。若于性分当尽之事,百倍其功以赴之,而俟命之学,则以淡泊如为宗,庶几其近道乎!

【译文】

阅读王夫之所注解的张载的《正蒙》篇,对于尽性知命的意旨略有理解。对自己所能知道、所能改变的事情,充分发挥自己的事情,听任上天,这就是知命。《易·系辞》"尺蠖之屈"八句话,讲的就是尽性;"过此以往"四句话,讲的就是知命。农夫耕田种庄稼,勤劳的人将有好收获,懒惰的人,收成就欠缺,这就是性;在商汤大旱之世种庄稼,无论怎样勤劳,终归庄稼焦枯,这就是命。热爱别人,教育别人,礼让别人,这就是性;热爱别人而别人对自己不亲近,教育别人而别人不学正道,礼让别人而别人不报答,这就是命。圣人不可及之处就在于不仅尽性而且升华到知命。尽性还属于下学之事,而达到知命就是上达之事。在尽性的时候,努力已达到十分,而效验或有或无,圣人对于这种情况淡然处之。好像知道,又似不知,好像用力,又似不用力,这里面的分寸最难体验。如果对于性应当尽力之事,百倍努力以求其成功,而对于听天由命之事,则以淡然为原则,这样就差不多可以接近大道了!

荷 道

荷道：肩道义之隆，负天理之盛，乃士人之本也。士之为贤，为猷，为功，为利，乃国之干，国之规，国之将，国之用也。惩奸平乱，敦化民俗，立身向善，是皆报国道，惟其能而行之。文以载道，道传人传。荷道为《挺经》之十六法，以示文章精美而神明与天心一也。

"荷道"法（上篇）

【原文】

文章之道，以气象光明俊伟为最难而可贵。如久雨初晴，登高山而望旷野；如楼俯大江，独坐明窗净几之下，而可以远眺；如英雄侠士，裼裘而来，绝无龌龊猥鄙之态。此三者皆光明俊伟之象，文中有此气象者，大抵得于天授，不尽关乎学术。自孟子、韩子而外，惟贾生及陆敬舆、苏子瞻得此气象最多，阳明之文亦有光明俊伟之象，虽辞旨不甚渊雅，而其轩爽洞达，如与晓事人语，表里粲然，中边俱彻，固自不可几及也。

【译文】

文章写作中，以气势宏伟俊爽、境界光明朗练最难达到，固此也最为可贵。如同多日淫雨的天空初时放晴，登临高山之上眺望平旷的原野；如同爬上大江边耸立的危楼，独自坐在明澈的南窗下、洁净的几案旁，从而可以极目远视；如同英雄侠士，身穿狐白裘衣，英姿勃勃飘然而来，神态中没有丝毫污浊的猥琐之色。这三个事例都是光英朗练、宏伟俊爽的境界，文章中之所以能够具此境界，基本上得于人的天赋，跟人的后天学习修养没有太大的关系。除孟轲、韩愈外，只有汉代的贾谊、唐代的陆贽、宋代的苏轼，他们的文章达到这一境界相对最多。明代王守仁的文章也有

光英明朗、宏伟俊爽的气象，虽说词语意旨不很渊深雅洁，光彩四溢，形式内容浑然一气，确实是不能轻易达到的。

"荷道"法（中篇）

【原文】

古人绝大事业，恒以精心敬慎出之。以区区蜀汉一隅，而欲出师关中，北伐曹魏，其志愿之宏大，事势之艰危，亦古今所罕见。而此文不言其艰巨，但言志气宜恢宏，刑赏宜平允，君宜以亲贤纳言为务，臣宜以讨贼进谏为职而已。故知不朽之文，必自襟度远大、思虑精微始也。

【译文】

古人谋求天下大事业，常以专心一意、认真慎重的态度来从事。诸葛亮凭借蜀汉这一小块地盘，却打算出兵关中一带，向北讨伐曹氏的魏国，他志向的宏伟远大，所处形势的艰难危殆，也实在是古往今来所少有的。但是《出师表》一文却不谈事情的艰巨，只说志气应该阔大，赏罚应该公允，为君者务必亲近贤人，从善如流，为臣者应以讨伐奸贼、进献谏言为职责而已。由此可知，那些传世不朽的文章，必定是由作者胸怀远大、思虑专精造就的呀。

"荷道"法（下篇）

【原文】

三古盛时，圣君贤相承继熙洽，道德之精，沦于骨髓，而学问之意，达于闾巷。是以其时置兔之野人，汉阳之游女，皆含性贞娴吟咏，若伊莘、周召、凡伯、仲山甫之伦，其道足文工，又不待言。降及春秋，王泽衰竭，道固将废，文亦殆殊已。故孔子睹获麟，曰："吾道穷矣！"畏匡曰："斯文将丧！"于是慨然发愤，修订六籍，昭百王之法戒，垂千世而不刊，心至苦，事至盛也。仲尼即没，徒人分布，转相流衍。厥后聪明魁桀之士，或有识解撰著，大抵孔氏之苗裔，其文之醇驳，一视乎见道之多寡以为差：见道尤多者，文尤醇焉，孟轲是也；次多者，醇次焉；见少者，文驳焉；尤少者，尤驳焉。自荀、扬、庄、列、屈、贾而下，次第等差，略可指数。

【译文】

夏、商、周三代全盛时期，圣明的君主和贤德的辅相们世代相传，社会清明安宁，道德的精义深入到人们的心灵深处，而讲求学问的风尚，普及到了市井乡间整个社会。因此，那时哪怕是捕兔子的乡野之人，以及在南方江汉游玩的女子，都天性忠厚贞静，通晓吟咏性情，至于像伊芊、周召、凡伯、仲山甫这些人，他们德行完善文才出众，又自不待言。到了春秋时期，先王的恩泽开始衰竭，大道本身将要废弛，文章也渐渐变化了。所以当孔子目睹了被捕获的麒麟，就哀叹说："我追求的大道完了啊！"被匡人包围、威胁，孔子说："古代的礼乐制度将要丧失了！"于是慨然发愤，修订六经，昭示帝王的法则，流传千代而不可更改，用心良苦，事业盛大啊！孔子去世之后，他的门徒四散分布，不断传授、演变。后来的聪明杰出的人士，有的人擅长撰文著书，大体上都是孔子的传人，他们的文章是醇厚还是驳杂，完全根据他们掌握大道的多少而确定各自的品位：把握大道最多的人，他的文章就是醇厚，孟轲便是这样的人；把握大道较多的人，他的文章就较醇厚；把握大道少的人，他的文章就驳杂；最少的人，他的文章就最驳杂。自荀况、扬雄、庄子、列子、屈原、贾谊之后，他们的高低等次，基本上可以标示出来。

藏　锋

藏，匿也，蓄也；锋，尖也，锐也。藏锋乃书家语，言笔锋藏而不露也。吾谓言多招祸，行多有辱。是故，傲者人之殃，慕者退邪兵。为君藏锋，可以及远；为臣藏锋，可以至大。讷于言，慎于行，乃吉凶安危之关，成败存亡之键也。此乃坚志蓄德至大及远之要，成《挺经》之十七法也。

"藏锋"法（上篇）

【原文】

《扬雄传》云："君子得时则大行，不得时则龙蛇。"龙蛇者，一曲一直，一伸一屈。如危行，伸也。言孙，即屈也。此诗畏高行之见伤，必言孙以自屈，龙蛇之道也。

诚中形外，根心生色，古来有道之士，其淡雅和润，无不达于面貌。余气象未稍进，岂耆欲有未淡邪？机心有未消邪？当猛省于寸衷，而取验于颜面。

【译文】

《扬雄传》中讲："君子遇到圣明之时，就力行其道；遇到政治紊乱，君主无道之时，就如龙蛇，可屈可伸。"龙蛇，就是讲一直一曲，一伸一屈。比如说保持高洁之操，就属于伸的一方面。言语谦逊，就是屈的一方面。此诗讲害怕行高于世，必被伤害，所以必须言语谦逊以自屈求全，这就是龙蛇之道。

诚恳的心意表现在人的外貌上。古来有道的人，淡雅谦和无不表现出来。我的气色没有变化，是不是欲望没淡化？机心没有消弭？应该在心中猛省，表现在脸面上。

"藏锋"法（中篇）

【原文】

凡民有血气之性，则翘然而思有以上人。恶卑而就高，恶贫而觊富，恶寂寂而思赫赫之名。此世人之恒情。而凡民之中有君子人者，率常终身幽默，暗然退藏。彼岂异性？诚见乎其大，而知众人所争者之不足深较也。自秦汉以来，迄于今日，达官贵人，何可胜数？当其高据势要，雍容进止，自以为才智加卜万万。及夫身没观之，彼与当日之厮役贱卒，污行贾竖，营营而生，草草而死者，无以异也。而其间又有功业文学猎浮名者，自以为才智加人万万。及夫身没观之，彼与当日之厮役贱卒，污行贾竖，营营而生，草草而死者，亦无以甚异也。然则今日之处高位而获浮名者，自谓辞晦而居显，泰然自处于高明。曾不知其与眼前之厮役贱卒，污行贾竖之营营者行将同归于澌尽，而毫毛无以少异，岂不哀哉！

【译文】

大凡有血气天性的人，都会油然生出想有什么办法超过他人的念头。他们讨厌卑微的职位，趋向崇高的权势，讨厌贫贱而希望富贵，讨厌默默无闻而思慕显赫的名声。这是世人的常情。而大凡卜中君子，大都常常是终身寂静藏锋，恬淡地弃官隐居。他们难道跟一般人天性相异吗？实际上，他们才真正看到了大的东西，而知道一般人所争逐的是不值得计较的。自从秦汉以来，所谓达官贵人，哪里能数得尽呢？当他们高居权势要职时，举止仪态从容高雅，自以为才智超过他人万万倍。但等到他们死去来看，就跟当时的杂役贱卒，低下行当的买卖人，熙熙攘攘地生着，又草草地死去，是没有什么不同的。而其中又有所谓依靠功业文章猎取浮名的人，也自以为才智超过他人万万倍。但等到他们死去来看，他们跟当日的杂役贱卒，低下行当的买卖人，熙熙攘攘地生着，又草草地死去，也是没有什么特别不同的。既然这样，那么今日那些身居高位而取得虚名的人，自以为自己文章蕴含深义而地位显贵，因而泰然自若地自奉为高明，竟然不知道自己跟眼前那些熙熙攘攘执劳役供使唤的杂役贱卒、低下行当的买卖人一样都将要同归于尽，而没有毫毛差异，难道不叫人悲哀吗？

"藏锋"法(下篇)

【原文】

古之英雄,意量恢拓,规模宏远,而其训诫子弟,恒有恭谨厚藏,身体则如鼎之镇。以贵凌物,物不服;以威加人,人不厌。此易达事耳。声乐嬉游,不宜令过。蒲酒渔猎,一切勿为;供用奉身,皆有节度。奇服异器,不宜兴长。又宜数引见佐吏,相见不数,则彼我不亲。不亲,无因得尽人情;人情不尽,复何由知众事也。数君者,皆雄才大略,有经营四海之志,而其教诫子弟,则约旨卑思,敛抑已甚。

【译文】

古代的英雄,意图和胸怀都很广大,事业规模宏远,但是,他们教训与告诫子孙,总是显得虚心、谨慎、藏锋的样子,身体如同铜鼎一样稳固。以贵重欺凌别人,别人难以服平;以威望加于人,人不讨厌。这是容易办到的事情。声色嬉游之类活动,不应该让他们太过度了。赌博酗酒钓鱼打猎,这一切都不要做;供应物品穿用,都有节度。奇异服装玩物,不应有太大兴趣。应该适宜地多多引见佐吏,相见不多,他们与我就不亲近。不亲近就无法了解人们的感情思想,人情不了解,又如何知道民众的事情呢?这几位先生,都具备雄才大略,都有经营四海的志向,而他们教育告诫子弟,都是意旨简约,往卑微处着想,收敛抑制得很。

盈 虚

盈，充满无隙也；虚，空幻广漫也。盈者阳刚之极，虚者阴柔所蕴。愚夫愚妇，唯晓盈虚并侪，势不用尽，乃与圣人同。君子不悦虚，虚则用补；学者不悦盈，盈之则泄。虚则而盈，汤武天下得治；盈则为虚，桀纣天下而乱。以虚思盈，盈虚不悖，王者之道，《挺经》之十八法也。

"盈虚"法（上篇）

【原文】

尝观《易》之道，察盈虚消息之理，而知人不可无缺陷也。日中则昃，月盈则亏，天有孤虚，地阙东南，未有常全而不缺者。"剥"也者，"复"之几也，君子以为可喜也。"夬"也者，"姤"之渐也，君子以为可危也。是故既吉矣，则由吝以趋于凶；既凶矣，则由悔以趋于吉。君子但知有悔耳。悔者，所以守其缺而不敢求全也。小人则时时求全；全者既得，而吝与凶随之矣。众人常缺，而一人常全，天道屈伸之故，岂若是不公乎？

【译文】

我曾观察《易》经中讲的道理，考察盈虚升降的原因，才知道人不可能没有缺陷。日中则昃，月盈则亏，天有孤虚，地阙东南，没有常是十全十美而一点缺陷也没有的事物。《周易》中的"剥"卦，是讲阴盛阳衰，小人得势君子困顿，可这正蕴育着相对应的"复"卦阳刚重返、生气蓬勃，故而君子认为得到"剥"卦是可喜的。《周易》中的"夬"卦，是讲君子强大小人逃窜，可这也暗藏着相对应的"姤"卦阳气侵入阳刚，小人卷土重来，所以君子认为得到"夬"卦，也仍然潜伏有危险，不能掉以轻

心。所以本来是吉祥的，由于吝啬可以趋向于不吉祥，本来是不吉祥的，由于改悔而又趋向于吉祥。君子只知道有灾祸，知道世上有许许多多不吉祥的灾祸，才可以忍受得住缺陷而不敢去追求过于完美的东西。小人不懂得这个道理，时时要追求完美；完美既然得到了，而吝惜和不吉也就跟着来了。众人常有不足，而一人常十全十美，这也是因为老天爷的缘故，难道会如此不公平吗？

"盈虚"法（中篇）

【原文】

天下事焉能尽如人意？古来成大事者，半是天缘凑泊，半是勉强迁就。

金陵之克，亦本朝之大勋，千古之大名，全凭天意主张，岂尽关乎人力？天于大名，吝之惜之，千磨百折，艰难拂乱而后予之。老氏所谓"不敢为天下先"者，即不敢居第一等大名之意。弟前岁初进金陵，余屡信多危悚敬戒之辞，亦深知大名之不可强求。今少荃二年以来屡立奇功，肃清全苏，吾兄弟名望虽减，尚不致身败名裂，便是家门之福。老师虽久而朝廷无贬辞，大局无他变，即是吾兄弟之幸。只可畏天知命，不可怨天尤人。所以养身却病在此，所以持盈保泰亦在此。

【译文】

天下事怎能尽如人意？自古以来成大业之人，一半是天缘相凑，另一半是勉强迁就。

攻克金陵，也是本朝的大功勋，千古的大功名，这全都是凭借上天意旨做主，怎么会完全由人力决定呢？上天对于大功名，吝惜得很，经千百次折磨，艰难动乱之后才能给予。老子所说的"不敢为天下先"这句话，就是说不敢身处天下第一等大功名的意思。老弟前年刚进围金陵，我数次写信大多是恐惧儆戒之辞，也深深知道大名是不能勉强要求。少荃（李鸿章）自同治二年以来屡建奇功，肃清江苏全境，我辈兄弟名誉声望虽然降低，还不致身败名裂，这就是家门的福分。让军旅疲惫困顿的时间已经很长久了，而朝廷并没有贬斥之词，全局没有其他变故意外，这就是我们兄弟值得庆幸的事。只可敬畏上天，认识天命，可不能埋怨上天，归罪别人。我们用以保养身体，却除疾病的就是靠这个，我们用来维持我家盈满之象，保持通畅、安泰的也是靠这个。

"盈虚"法（下篇）

【原文】

谆谆慎守者但有二语，曰"有福不可享尽，有势不可使尽"而已。福不多享，故总以俭字为主，少用仆婢，少花银钱，自然惜福矣；势不多使，则少管闲事，少断是非，无感者亦无怕者，自然悠久矣。

余斟酌再三，非开缺不能回籍。平日则嫌其骤，功成身退，愈急愈好。

【译文】

让大家严格遵守的只有两句话，那就是"有福分不能尽情享受，有权势也不能用得精光。"有福而不过分享用，所以总是以俭字为主，少用仆人奴婢，少花银钱，自然就是珍惜福分了；有势不多使，少管闲事，少评判是非，没有人感谢你也没有人怕你，则自然可以长久了。

我反复考虑，不辞职就不能回老家。平日里就嫌这样做太急促，成就功业以后引退，则越快越好。

治 家 类

禀父母（和气则家道兴）

男国藩跪禀父母亲大人万福金安：

正月八日恭庆祖父母双寿，男去腊作寿屏二架。今年同乡送寿对者五人，拜寿来客四十人。早面四席，晚酒三席。未吃晚酒者，于十七日、廿日补请二席。又请人画椿萱重荫图，观者无不叹羡。

男身体如常。新年应酬太繁，几至日不暇给。媳妇及孙儿女俱平安。

正月十五接到四弟、六弟信。四弟欲偕季弟从汪觉庵师游，六弟欲偕九弟至省城读书。男思大人家事日烦，必不能常在家塾照管诸弟；且四弟天分平常，断不可一日无师，讲书改诗文，断不可一课耽搁。伏望堂上大人俯从男等之请，即命四弟、季弟从觉庵师。其束脩银，男于八月付回，两弟自必加倍发奋矣。六弟实不羁之才，乡间孤陋寡闻，断不足以启其见识而坚其心志；且少年英锐之气不可久挫。六弟不得入学，既挫之矣；欲进京而男阻之，再挫之矣；若又不许肄业省城，则毋乃太挫其锐气乎？伏望堂上大人俯从男等之请，即命六弟、九弟下省读书。其费用，男于二月间付银廿两至金竺虔家。

夫家和则福自生。若一家之中，兄有言弟无不从，弟有请兄无不应，和气蒸蒸而家不兴者，未之有也；反是而不败者，亦未之有也。伏望大人察男之志，即此敬禀叔父大人，恕不另具。六弟将来必为叔父克家之子，即为吾族光大门第，可喜也。谨述一二，余续禀。（道光二十三年正月十七日）

禀父母（教弟竭尽心力）

男国藩跪禀父母亲大人万福金安：

二月十六日接到家信第一号，系新正初三交彭山屺者，故悉一切。

去年十二月十一，祖父大人忽患肠风，赖神灵默佑，得以速痊，然游子闻之，尚转心悸。六弟生女，自是大喜。初八日恭逢寿筵，男不克在家庆祝，心犹依依。

诸弟在家不听教训，不甚发奋。男观诸来信，即已知之。盖诸弟之意，总不愿在家塾读书。自己亥年男在家时，即有此意，牢不可破。六弟欲从男进京，男因散馆去留未定，故此时未许。庚子年接家眷，即请弟等送，意欲弟等来京读书也。特以祖父母、父母在上，男不敢许，以故但写诸弟，而不指定何人。迨九弟来京，其意颇遂，而四弟、六弟之意尚未遂也。年年株守家园，时有耽搁；大人又不能常在家教之；近地又无良友，考试又不利。兼此数者，怫郁难伸，故四弟、六弟不免怨男，其可以怨男者有故。丁酉在家教弟，威克厥爱，可怨一矣；己亥在家未尝教弟一字，可怨二矣；临进京不肯带六弟，可怨三矣；不为弟另择外傅，仅延丹阁叔教之，拂厥本意，可怨四矣；明知两弟不愿家居，而屡次信回，劝弟寂守家塾，可怨五矣。惟男有可怨者五端，故四弟、六弟难免内怀隐衷。前此含意不申，故从不写信与男。去腊来信甚长，则尽情吐露矣。

男接信时，又喜又惧。喜者，喜弟志气勃勃不可遏也；惧者，男再拂弟意，将伤和气矣。兄弟和，虽穷氓小户必兴；兄弟不和，虽世家宦族必败。男深知此理，故禀堂上各位大人俯从男等兄弟之情。实以和睦兄弟为第一。

九弟前年欲归，男百般苦留，至去年则不复强留，亦恐拂弟意也。临别时，彼此恋恋，情深似海。故男自九弟去后，思之尤切，信之尤深。谓九弟纵不为科目中人，亦当为孝弟中人。兄弟人人如此，可以终身互相依倚，则虽不得禄位，亦何伤哉！

伏读手谕，谓男教弟宜明言责之，不宜琐琐告以阅历工夫。男自忆连年教弟之信不下数万字，或明责，或婉劝，或博称，或约指，知无不言，总之尽心竭力而已。

男妇孙男女身体皆平安，伏乞放心。男谨禀。（道光二十三年二月十九日）

禀祖父母（晒皮衣之法）

孙国藩跪禀祖父母大人万福金安：

孙在京平安，孙妇及曾孙男女四人皆好。曾孙最好写字，散学后，则在其母房中多写至更初犹不肯睡，骂亦不止。目下天寒墨冻，脱手写多不成字，兹命之写禀安帖寄呈，以博堂上大人一欢笑而已。

上半年所付黑狸皮褂料，不知祖父大人合身否？闻狸皮在南边易于回潮，黑色变为黄色，不知信否？若果尔，则回潮天气须勤勤检视。又凡收皮货，须在省城买潮脑。其色如白淮盐，微带黄色，其气如樟木。用皮纸包好，每包约寸大，每衣内置三四包。收衣时，仍将此包置衣内。又每年晒皮货，晒衣之日，不必折收，须过两天，待热气退尽乃收。

江西家受恬明府昨有信来，云此银今冬必付到，不知近来接到否？如未接到，立即写信来京，再去催取。兑银之难，往往如此。

同乡唐镜海先生三年以来连生三子，而长者前以病殇，幼者昨又以痘殇，仅存次子，尚未周岁，良可悼叹。

现在京官甚少，仅二十二人。昨十月廿五日谢恩赴宫门叩头者，仅到三人，尤非盛时气象。兹将谢摺付回呈览。

母亲生日，京中仅客一席，待明年当付寿屏回家。所需之物，须写信来，明年会试后寄归。孙国藩禀。（道光二十四年十一月廿一日）

致诸弟（劝勿管家中事）

诸位老弟足下：

十六早接到十一月十二日发信，内父亲一信，四位老弟各一件，具悉一切，不胜欣幸。

四弟之诗又有长进，第命意不甚高超，声调不甚响亮。命意之高，须要透过一层。如说考试，则须说科名是身外物，不足介怀，则诗意高矣；若说必以得科名为荣，则意浅矣。举此一端，余可类推。腔调则以多读诗为主，熟则响矣。去年树堂所寄之笔，亦我亲手买者。春光醉目前每支大钱五百文，实不能再寄。汉璧尚可寄，然必须明年会试后乃有便人回南，春间不能寄也。五十读书固好，然不宜以此耽搁自己功课。女子无才便是德，此语不诬也。常家欲与我结婚，我所以不愿者，因闻常世兄最好恃父势作威福，衣服鲜明，仆从烜赫，恐其家女子有宦家骄奢习气，乱我家规，诱我子弟好奢耳。今渠再三要结婚，发甲五八字去，恐渠家是要与我为亲家，非欲与弟为亲家，此语不可不明告之。贤弟婚事，我不敢作主，但亲家为人何如，亦须向汪三处查明。若吃鸦片烟，则万不可对；若无此事，则听堂上各大人与弟自主之可也。所谓翰堂秀才者，其父子皆不宜亲近，我曾见过，想衡阳人亦有知之者。若要对亲，或另请媒人亦可，六弟九月之信，于自己近来弊病颇能自知，正好用功自医，而犹曰"终日泄泄"，此则我所不解者也。家中之事，弟不必管。天破了自有女娲管，洪水大了自有禹王管，家事有堂上大人管，外事有我管，弟辈则宜自管功课而已，何必问其他哉？至于宗族姻党，无论他与我有隙无隙，在弟辈只宜一概爱之敬之。孔子曰"泛爱众而亲仁"，孟子曰"爱人不亲反其仁"、"礼人不答反其敬"。此刻未理家事，若便多生嫌怨，将来当家立业，岂不个个都是仇人？古来无与宗族乡党为仇之圣贤，弟辈万不可专责他人也。十一月信言现看《庄子》并《史记》，甚善。但作事必须有恒，不可谓考试在即，便将未看完之书丢下。必须从首至尾，句句看完。若能明年将《史记》看完，则以后看书不可限量，不必问进学与否也。贤弟论袁诗、论作字，亦皆有所见，然空言无益，须多作诗多临帖乃可谈耳。譬如人欲进京，一步不行，而在家空言进京程途，亦何益哉？即言之津津，人谁得而信之哉？九弟之信，所以规劝我者甚切，余览之不觉毛骨悚然。然我用功，实脚踏实地，不敢一毫欺人。若如此作去，不作外官，将来道德文章必粗有成就。上不敢欺天地祖父，下不敢欺诸弟与儿子也。而省城之闻望日隆，即我亦不知其所自来。我在京师，惟恐名浮于实，故不先拜一人，不自诩一言，深以过情之闻为耻耳。来书写大场题及榜信，此间九月早已知之。惟县考案首前列及进学之人，则至今不知。诸弟以后写信，于此等小事及近处戚族家光景，务必一一详载。季弟信亦谦虚可爱，然徒谦亦不好，总要努力前进。此全在为兄者倡率之。余他无所取，惟近来日日有恒，可为诸弟倡率。四弟、六弟总不欲以有恒自立，独不怕坏季弟之样子乎？

余不尽宣。兄国藩手具。（道光二十四年十二月十八日）

禀父母（勿因家务过劳）

男国藩跪禀父母亲大人膝下：

十六夜接到六月初八日所发家信，欣悉一切。祖父大人病已十愈八九。尤为莫大之福。六月二十八日曾发一信，言升官事，想已收到。冯树堂六月十七日出京，寄回红顶、补服、袍褂、手钏、笔等物，计八月可以到家。贺礼惟七月初五日出京，寄回鹿胶、高丽参等物，计九月可以到家。

四弟、九弟信来，言家中大小诸事皆大人躬亲之，未免过于劳苦。勤俭本持家之道，而人所处之地各不同。大人之身，上奉高堂，下荫儿孙，外为族党乡里所模范。千金之躯，诚宜珍重。且男忝窃卿贰，服役已兼数人，而大人以家务劳苦如是，男实不安于心。此后万望总持大纲，以细微事付之四弟。四弟固谨慎者，必能负荷，而大人与叔父大人惟日侍祖父母大人前，相与娱乐，则万幸矣。

京寓大小平安，一切自知谨慎，堂上各位大人不必挂念。余容另禀。
（道光二十七年七月十八日）

禀叔父母（勿劳力过甚）

侄国藩谨禀叔父母大人礼安：

十七接家信二件，内父亲一谕，四弟一书，九弟、季弟在省各一书，欧阳牧云一书，得悉一切。

祖大人之病不得少减，日夜劳心父亲、叔父辛苦服事，而侄远离膝下，竟不得效丝毫之力，终夜思维，刻不能安。江岷樵有信来，告渠已买得虎骨，七月当亲送我家，以之熬膏，可医痿痹云云。不知果送来否？闻叔父去年起公屋，劳心劳力，备极经营。外面极堂皇，工作极坚固，费钱不过百千，而见者拟为三百千模规。焦劳太过，后至吐血，旋又以祖父复病，勤劬弥甚。而父亲亦于奉事祖父之余撙理家政，刻不少休。

侄窃伏思父亲、叔父二大人年寿日高，精力日迈，正宜保养神气，稍稍休息，家中琐细事务，可命四弟管理。至服事祖父，凡劳心细察之事，则父亲、叔父躬任之；凡劳力粗重之事，则另添用雇工一人，不够则雇二人。

侄近年以来精力日差，偶用心略甚，癣疾即发，夜坐略久，次日即昏倦。是以力加保养，不甚用功。以求无病无痛，上慰堂上之远怀。外间求作文、求写字、求批改诗文者，往往历久而莫偿宿诺，是以时时抱疚，日日无心安神恬之时。前四弟在京能为我料理一切琐事，六弟则毫不能管。故四弟归去之后，侄于外间之回信、家乡应留心之事，不免疏忽废弛。侄等近日身体平安，合室大小皆顺。六弟在京，侄苦劝其南归。一则免告回避；二则尽仰事俯畜之诚；三则六弟两年未作文，必在家中父亲、叔父严责方可用功。乡试渠不肯归，侄亦无如之何。

叔父去年四十晋一，侄谨备袍套一付。叔母今年四十大寿，侄谨备棉外套一件。皆交曹西垣带回，服满后即可著。母亲外褂并汉绿布夹袄亦一同付回。

闻母亲近思用一丫环，此亦易办，在省城买不过三四十千；若有湖北逃荒者来乡，则更为便宜。望叔父命四弟留心速买，以供母亲、叔母之使令。其价侄即寄回。侄今年光景之窘较甚于往年，然东支西扯尚可敷衍。若明年能得外差或升侍郎，便可弥缝家中。今年季弟喜事，不知窘迫否？侄于八月接到俸银，即当寄五十金回，即去年每岁百金之说也。在京一切张罗，侄自有调停，毫不费力，堂上大人不必挂念。侄谨禀。（道光二十八年七月二十日）

致诸弟（日日想归省亲）

澄侯、子植、季洪足下：

正月十一日发一家信，是日予极不闲，又见温甫在外未归，心中懊恼，故仅写信与诸弟，未尝为书禀堂上大人，不知此书近已接到否？

温弟自去岁以来，时存牢骚抑郁之气。太史公所谓"居则忽忽若有所亡，出则不知其所往者"，温甫颇有此象，举业工夫大为抛荒。间或思一振奋，而兴致不能鼓舞，余深以为虑。每劝其痛著祖鞭，并心一往，温弟辄言思得一馆，使身有管束，庶心有维系。余思自为京官，光景尚不十分

窘迫，焉有不能养一胞弟而必与寒士争馆地？向人求荐，实难启口，是以久不为之谋馆。

自去岁秋冬以来，闻温弟妇有疾。温弟羁留日久，牢落无偶，而叔父抱孙之念甚切，不能不思温弟南归，且余既官二品，明年顺天主考亦在可简放之列，恐温弟留京三年，又告回避。念此数者，欲劝温弟南旋，故上次信道及此层，欲诸弟细心斟酌。不料发信之后不过数日，温弟即定得黄正斋馆地。现在既已定馆，身有所管束，心有所系属，举业工夫又可渐渐整理，待今年下半年再看光景。如我或圣眷略好，有明年主考之望，则到四五月再与温弟商人南闱或北闱行止，如我今年圣眷平常，或别有外放意外之事，则温弟仍留京师，一定观北闱，不必议南旋之说也。坐馆以羁束身心，自是最好事，然正斋家，澄弟所深知者，万一不合，温弟亦难久坐。见可而留，知难而退，但能不得罪东家，好来好去，即无不可耳。

余自去岁以来，日日想归省亲，所以不能者：一则京账将近一千，归家途费又须数百，甚难措办；二则二品归籍，必须具摺，摺中难于措辞。私心所愿者，得一学差。三年任满，归家省亲，上也。若其不能，或明年得一外省主考，能办途费，后年必归，次也。若二者不能，只望六弟、九弟明年得中一人，后来得一京官，支持门面，余则告养归家，他日再定行止。如三者皆不得，则直待六年之后，至母亲七十之年，余誓具摺告养，虽负债累万，归无储粟，亦断断不顾矣。然此实不得已之计。若能于前三者之中得其一者，则后年可见堂上各大人，乃如天之福也，不审祖宗能默佑否？

现在寓中一切平安。癣疾上半身全好，惟腰下尚有纤痕。家门之福，可谓全盛，而余心归省之情，难以自慰。因偶书及，遂备陈之。毅然伯之项，去年已至余寓，今始觅便寄南。家中可将书封好，即行送去。余不详尽，诸惟心照。兄国藩手草。（道光二十八年正月廿一日）

致诸弟（无半字入公庭）

澄侯、子植、季洪三弟左右：

澄侯在广东前后共发信七封，至郴州、耒阳又发二信，三月十一到家以后又发二信，皆已收到。植、洪二弟今年所发三信亦均收到。

澄弟在广东处置一切甚有道理，易念园、庄生各处程仪，尤为可取。

其办朱家事，亦为谋甚忠，虽无济于事，而朱家必可无怨。《论语》曰："言忠信，行笃敬，虽蛮貊之邦行矣。"吾弟出外，一切如此，吾何虑哉！贺八爷、冯树堂、梁俪裳三处，吾当写信去谢，澄弟亦宜各寄一书。即易念园处，渠既送有程仪，弟虽未受，亦当写一谢信寄去。其信即交易宅，由渠家书汇封可也。若易宅不便，即托岱云觅寄。

季洪考试不利，区区得失，无足介怀。补发之案有名，不去复试，甚为得体。今年院试若能得意，固为大幸；即使不遽获售，去年家中既隽一人，则今岁小挫，亦盈虚自然之理，不必抑郁。植弟书法甚佳，然向例未经过岁考者不合选拔，弟若去考拔，则同人必指而目之。及其不得，人不以为不合例而失，且以为写作不佳而黜。吾明知其不合例，何必受人一番指目乎？弟书问我去考与否，吾意以科考正场为断。若正场能取一等补廪，则考拔之时，已是廪生入场矣；若不能补廪，则附生考拔，殊可不必，徒招人妒忌也。

我县新官加赋，我家不必答言，任他加多少，我家依而行之。如有告官者，我家不必入场。凡大员之家，无半字涉公庭，乃为得体。为民除害之说，为所辖之属言之，非谓去本地方官也。

曹西垣教习服满引见，以知县用，七月动身还家。母亲及叔父之衣并阿胶等项，均托西垣带回。去年内赐衣料、袍褂皆可裁三件。后因我进闱考教习，家中叫裁缝作，渠裁之不得法，又窃去整料。遂仅裁祖父、父亲两套。本思另办好料为母亲制衣寄回，因母亲尚在制中，故未遽寄。叔父去年四十晋一，本思制衣寄祝，因在制，未遽寄也。兹托西垣带回，大约九月可到家，腊月服阕，即可著矣。

纪梁读书，每日百余字，与泽儿正是一样，只要有恒，不必贪多。澄弟亦须常看《五种遗规》及《呻吟语》。洗尽浮华，朴实谙练，上承祖父，下型子弟，吾于澄弟实有厚望焉。兄国藩手草。（道光二十八年五月初十日）

致诸弟（述改屋之意见）

澄侯、温甫、子植、季洪四弟左右：

十二月初九接到家中十月十二一信、十一月初一日一信、初十日一信，具悉一切。

家中改屋,有与我意见相同之处。我于前次信内曾将全屋画图寄归,想已收到。家中既已改妥,则不必依我之图矣。但三角邱之路必须改于檀山嘴下面,于三角邱密种竹木。此我画图之要嘱,望诸弟禀告堂上,急急行之。家中改房,亦有不与我合意者,已成则不必再改。但六弟房改在炉子内,此系内外往来之屋,欲其通气,不欲其闷塞,余意以为必不可,不若以长横屋上半节间断作屋为妥。内茅房在石柱屋后,亦嫌太远,不如于季洪房外高堋打进去七八尺,即可起茅房、澡堂,而后边地面宽宏,家有喜事,碗盏、菜货亦有地安置,不至局促,不知可否。

家中高丽参已完,明春得便即寄。彭十九之寿屏,亦准明春寄到。此间事务甚多,我更多病,是以迟迟。

澄弟办贼,甚快人心。然必使其亲房人等知我家是图地方安静,不是为一家逞势张威,庶人人畏我之威,而不恨我之太恶。贼既办后,不特面上不可露得意之声色,即心中亦必存一番哀矜的意思。诸弟人人当留心也。

征一表叔在我家教读甚好,此次未写信请安,诸弟为我转达。

同乡周荇农家之鲍石卿,前与六弟交游,近因在妓家饮酒,提督府捉交刑部,革去供事,而荇农、荻舟尚游荡不畏法,真可怪也!

余近日常有目疾,余俱康泰。内人及二儿四女皆平安,小儿甚胖大。西席庞公拟十一回家,正月半来,将请李笔峰代馆。宋芗宾在道上仆跌断腿,五十余天始抵樊城,大可悯也。余不一一。国藩手草。(道光二十八年十二月初十日)

致诸弟(拟于明年归省)

澄侯、温甫、子植、季洪四弟左右:

十月十七日发一家信,由廷芳宇明府带交。便寄曾希六、陈体元从九品执照各一纸,欧阳沧溟先生、陈开煦换执照并批回各二张,添梓坪叔庶曾祖母百折裙一条,曾、陈二人九品补服各一付,母亲大人耳帽一件,膏药一千张,眼药各种,阿胶二斤,朝珠二挂,笔五枝,针底子六十个,曾、陈二人各对一付,沧溟先生横幅篆字一付。计十二月中旬应可到省,存陈岱云宅,家中于小除夕前二日遣人至省走领可也。芳宇在汉口须见上司，恐难早到；然遇顺风，则腊月初亦可到，家中或著人早去亦可。

余于十月初五起至十一止在闱较射，十七出榜。四闱共中百六十四人，余闱内分中五十二人。向例武举人、武进士复试，如有弓力不符者，则原阅之王大臣每人各罚俸半年。今年仅张字闱不符者三名，王大臣各罚俸一年半。余闱幸无不符之人。不然，则罚俸年半，去银近五百金，在京官已视为切肤之痛矣。

寓中大小平安。纪泽儿体已全复，纪鸿儿甚壮实。

邹墨林近由庙内移至我家住，拟明年再行南归。袁漱六由会馆移至虎坊桥，贞斋榜后本拟南旋，因愤懑不甘，仍寓漱六处教读。刘镜清教习已传到，因丁艰而竟不能补。不知命途之舛，何至于此！凌荻舟近病内伤，医者言其甚难奏效。

黄恕皆在陕，差旋述其与陕抚殊为冰炭。江岷樵在浙署秀水县事，百姓感戴，编为歌谣。署内一贫如洗。藩台闻之，使人私借千金，以为日食之资。其为上司器重如此。其办赈务，办保甲，无一不合于古。顷湖南报到，新宁被斋匪余孽煽乱，杀前令李公之阖家，署令万公亦被戕，焚掠无算。则岷樵之父母家属，不知消息若何？可为酸鼻。余于明日当飞报岷樵，令其即行言旋，以赴家难。

余近日忙乱如常，幸身体平安。惟八月家书，曾言及明年假归省亲之事，至今未奉堂上手谕。而九月诸弟未中，想不无抑郁之怀，不知尚能自为排遣否？此二端时时挂念，望澄侯详写告我。祖父大人之病，不知日内如何。余归心箭急，实为此也。

母亲大人昨日生日，寓中早面五席，晚饭三席。母亲牙痛之疾，近来家信未曾提及。望下次示知。书不一一，余俟续具。兄国藩手具。（道光二十九年十一月初五日）

致诸弟（迎养父母叔父）

澄侯、温甫、子植、季洪四位老弟足下：

正月初六日接到家信三函：一系十一月初三所发，有父亲手谕温弟代书者，一系十一月十八所发，有父亲手谕植弟代书者，一系十二月初三澄

侯弟在县城所发一书,甚为详明,使游子在外,巨细了然。

庙山上金叔不知为何事而可取腾七之数?若非道义可得者,则不可轻易受此。要作好人,第一要在此处下手,能令鬼服神钦,则自然识日进气日刚。否则,不觉堕入卑污一流,必有被人看不起之日,不可不慎!诸弟现处极好之时,家事有我一人担当,正当作个光明磊落神钦鬼服之人,名声既出,信义既著,随便答言,无事不成,不必受此小便宜也。

父亲两次手谕,皆不欲予乞假归省,而予之意,甚思日侍父母之侧,不得不为迎养之计。去冬曾以归省、迎养二事与诸弟相商。今父亲手示,既不许归省,则迎养之计更不可缓。所难者,堂上有四位老人。若专迎父母而不迎叔父母,不特予心中不安,即父母心中亦必不安;若四位并迎,则叔母病未全好,远道跋涉尤艰。予意欲于今年八月初旬迎父亲、母亲、叔父三位老人来京,留叔母在家,诸弟妇细心伺候。明年正月元宵节后,即送叔父回南,我得与叔父相聚数月,则我之心安;父母得与叔父同行数千里到京,则父母之心安;叔母在家半年,专雇一人服侍,诸弟妇又细心奉养,则叔父亦可放心;叔父在家抑郁数十年,今出外潇洒半年,又得与侄儿、侄妇、侄孙团聚,则叔父亦可快畅。在家坐轿至湘潭,澄侯先至潭雇定好船,伺候老人开船后,澄弟即可回家。船至汉口,予遣荆七在汉口迎接。由汉口坐三乘轿子到京,行李婢仆,则用小车,甚为易办。求诸弟细商堂上老人,春间即赐回信。至要至要。

李泽显、李英灿进京,余必加意庇护。八斗冲地,望绘图与我看。诸弟自侍病至葬事,十分劳苦,我不克帮忙,心甚歉愧。

京师大小平安。皇太后大丧已于正月七日二十七日满,脱去孝衣。初八日系祖父冥诞,我作文致祭。即于是日亦脱白孝,以后照常当差。

心中万绪,不及尽书,统容续布。兄国藩手草。(道光三十年正月初九日)

致纪泽(料理家事出京)

字谕纪泽儿:

七月廿五日丑正二刻,余行抵安徽太湖县之小池驿,惨闻吾母大故。余德不修,无实学而有虚名,自知当有祸变,惧之久矣。不谓天不殒灭我身,而反灾及我母。回思吾平日隐慝大罪不可胜数,一闻此信,无地自容。小池驿去大江之滨尚有二百里，此两日内雇一小轿，仍走旱路，至湖北黄梅县临江之处即行雇船。计由黄梅至武昌不过六七百里，由武昌至长沙不过千里，大约八月中秋后可望到家。一出家辄十四年，吾母音容不得再见，痛极！痛极！不孝之罪，岂有稍减之处！兹念京寓眷口尚多，还家甚难。特寄信到京，料理一切，开列于后：

一、我出京时将一切家事面托毛寄云年伯，均蒙慨许。此时遭此大变，尔往叩求寄云年伯筹画一切，必能俯允。现在京寓银钱，分毫无出，家眷回南路费，人口太多，计须四五百金。求寄云年伯张罗。此外同乡如黎樾乔、黄恕皆是老伯，同年如王静庵、袁午桥年伯，平日皆有肝胆，待我甚厚，或可求其凑办旅费。受人恩情，当为将来报答之地，不可多求人也。袁漱六姻伯处，只可求其出力帮办一切，不可令其张罗银钱，渠甚苦也。

一、京寓所欠之账，惟西顺兴最多，此外如杨临川、王静庵、李玉泉、王吉云、陈仲鸾诸兄皆多年未偿。可求寄云年伯及黎、黄、王、袁诸君内择其尤相熟者，前往为我展缓，我再有信致各处。外间若有奠金来者，我当概存寄云、午桥两处。有一两即以一两还债，有一钱即以一钱还债。若并无分文，只得待我起复后再还。

一、家眷出京，行路最不易。樊城旱路既难，水路尤险，此外更无好路。不如仍走王家营为妥，只有十八日旱路。到清江，即王家营也，时有郭雨三亲家在彼，到池州江边有陈岱云亲家及树堂在彼，到汉口时，吾当托人照料。江路虽险，沿途有人照顾，或略好些。闻扬州有红船最稳，虽略贵亦可雇。尔母最怕坐车，或雇一驮轿亦可。然驮轿最不好坐，尔母可先试之。如不能坐，则仍坐三套大车为妥。

一、开吊散讣不可太滥，除同年同乡门生外，惟门簿上有来往者散之，此外不可散一分。其单请庞省三先生定。此系无途费，不得已而为之，不可滥也；即不滥，我已愧恨极矣！

一、外间亲友，不能不讣告寄信，然尤不可滥。大约不过二三十封，我到武昌时当寄一单来，并寄信稿，此刻不可遽发信。

一、铺店账自宜一一清楚，今年端节已全楚矣。此外只有松竹斋新账，可请省三先生往清，可少给他，不可欠他。又有天元德皮货店，请寄云年伯往清。其新猞猁狲皮褂即退还他，若已作成，即并缎面送赠寄云可也。万一无钱，皮局账亦暂展限，但累寄云年伯多矣。

一、西顺兴账，自丁未年夏起至辛亥年夏止，皆有摺子，可将摺子找出，请一明白人细算一遍。究竟用他多少钱，专算本钱，不必兼算利钱。待本钱还清，然后再还利钱。我到武昌时，当写一信与萧沛之三兄。待我信到后，然后请寄云年伯去讲明可也。总须将本钱、利钱划为两段，乃不至蟪渐不清。六月所借之捐贡银一百念余金，须设法还他，乃足以服人。此事须与寄云年伯熟计。

一、高松年有银百五十金，我经手借与曹西垣，每月利息京钱十千。今我家出京，高之利钱已无着落。渠系苦人，我当写信与西垣，嘱其赶紧寄京。目前求黎樾乔老伯代西垣清几个月利钱，至恳至恳。并请高与黎见面一次。

一、木器等类，我出京时已面许全交与寄云年伯，兹即一一交去，不可分散。概交寄云年伯。盖木器本少，若分则更少矣。送渠一人，犹成人情耳，锡器、瓷器亦交与他。

一、书籍我出京时一一点明，与尔舅父看过。其要紧者皆可带回；此外我所不带之书，惟《皇清经解》六十函算一大部，我出京时已与尔舅说明，即赠送与寄云年伯。又《会典》五十函算一大部，可借与寄云用。自此二部外，并无大部，亦无好板。可买打磨厂油木箱，一一请书店伙计装好，交寄云转寄存一庙内，每月出赁钱可也。边袖石借《通典》一函，田敬堂借地图八幅，吴南屏借梅伯言诗册，俱往取出带回。

一、大厅书架之后有油木箱三个，内皆法帖之类。其已裱好者可全带回，其未裱者带回亦可送人。家信及外来信，粘在本子上者皆宜带回。地舆图三付，皆宜带回，又有十八省散图亦带回。字画、对联之类，择好者带回；上下木轴均撤去，以便卷成一捆，其不好者太宽者不必带。作一宽箱封锁，与书箱同寄一庙内。凡收拾书籍、字画之类，均请省三先生及子彦帮办，而牧云一一过目。其不带者，均用箱寄庙。

一、我本思在江西归家，凡本家亲友皆以银钱赠送，今既毫无可赠。尔母归来，须略备仪物，但须轻巧不累赘者，如毡帽、挽袖之类，亦不可多费钱。如硇砂膏、眼药之属亦宜带些，高丽参带半斤。

一、纪泽宜作棉袍褂一付、靴帽各一，以便向祖父前叩头承欢。

一、王雁汀先生寄书，有一单，我已点与子彦看。记得乾隆二集系王世兄取去，五集系王太史向刘世兄借去，余刘世兄取去者又一集。此外皆在架上，可送还他。

一、苗仙鹿寄卖之书:《声订》《声读表》共一种、《毛诗韵订》一种、《建首字读本》,想到江南销售几部。今既不能,可将书架顶上三种各四十余部还他,交黎樾乔老伯交转。

一、送家眷出京,求牧云总其事。如牧云已中举,亦求于复试后。九月廿外起行,由王家营水路至汉口,或不还家,仍由汉口至京会试可也。下人中必须罗福、盛贵,若沈祥能来更好,否则李长子亦可。大约男仆须四人,女仆须三人。九月廿前后必须起程,不可再迟。一定由王家营走,我当写信托沿途亲友照料。(咸丰二年七月廿六日)

致纪泽(携眷赶紧出京)

字谕纪泽儿:

吾于七月念五日在太湖县途次痛闻吾母大故,是日仍雇小轿行六十里,是夜未睡,写京中家信料理一切,命尔等眷口于开吊后赶紧出京。念六夜发信,交湖北抚台寄京。念七日发信,交江西抚台寄京。两信是一样说话,而江西信更详。恐到得迟,故由两处发耳。惟仓卒哀痛之中有未尽想到者,兹又想出数条,开示于后:

一、他人欠我账目,算来亦将近千金。惟同年鄢勖斋,当时听其肤受之诉而借与百金,其实此人并不足惜。今渠已参官,不复论已。此外凡有借我钱者,皆光景甚窘之人。此时我虽窘迫,亦不必向人索取。如袁亲家、黎樾乔、汤世兄、周荇农、邹云陔,此时皆不甚宽裕。至留京公车,如复生同年、吴镜云、李子彦、刘裕轩、曾爱堂诸人,尤为清苦异常,皆万不可向其索取,即送来亦可退还。盖我欠人之账,既不能还清出京,人欠我之账而欲其还,是不恕也。从前黎樾乔出京时亦极窘,而不肯索穷友之债,是可为法。至于胡光伯之八十两、刘仙石之二百千钱,渠差旋时自必交还袁亲家处,此时亦不必告知渠家也。外间有借我者,亦极窘,我亦不写信去问他。

一、我于念八、念九在九江耽搁两日,江西省城公送来奠分银一千两,余以三百两寄京还债,以西顺兴今年之代捐贡银及寄云兄代买皮货银之类皆甚紧急。其银交湖北主考带进京。想到京时家眷已出京矣,即交寄云兄择其急者而还之,下剩七百金,以二百余金在省城还账,带四百余金

至家办葬事。

一、驮轿要雇即须二乘,尔母带纪鸿坐一乘,乳妈带六小姐、五小姐坐一乘。若止一乘,则道上与众车不同队,极孤冷也。此外雇空太平车一乘,备尔母道上换用。又雇空轿车一乘,备尔与诸妹弱小者坐。其余用三套头大车。我之主见,大略如此。若不妥当,仍请袁姻伯及毛、黎各老伯斟酌,不必以我言为定准。

一、李子彦无论中否皆须出京,可请其与我家眷同行几天。行至雄县,渠分路至保定去,亦不甚绕也。到清江浦登船,可请郭雨三姻伯雇,或雇湖广划子二只亦可。或至扬州换雇红船,或雇湘乡钓钩子亦可。沿途须发家信。至清江浦托郭姻伯寄信,至扬州托刘星房老伯寄信,至池州托陈姻伯,至九江亦可求九江知府寄,至湖北托常太姻伯寄,以慰家中悬望。信面写法另附一条。

一、小儿女等须多作几件棉衣,道上十月固冷,船上尤寒也。

一、御书诗匾及戴醇士、刘茶云所写匾,俱可请裱匠启下,卷起带回。王孝凤借去天图,其底本系郭筠仙送我的,暂存孝凤处,将来请交筠仙。

一、我船上路,阻风十一日,尚止走得三百余里,极为焦灼。幸冯树堂由池州回家,来至船上与我作伴,可一同到省,堪慰孤寂,京中可以放心。

一、江西送奠仪千金,外有门包百金。丁贵、孙福等七人已分去六十金,尚存四十金。将来罗福、盛贵、沈祥等到家,每人可分八九两。渠等在京要支钱,亦可支与他,渠等亦极苦也。

一、我在九江时,知府陈景曾、知县李福皆待我极好。家眷过九江时,我已托他照应,但讨快不讨关,(讨关,免关税也。讨快,但求快快放行,不免关税也。)尔等过时,渠若照应,但可讨快,不可代船户讨免关。

一、船上最怕盗贼。我在九江时,德化县派一差人护送,每夜安船后,差人唤塘兵打更,究竟好些。家眷过池州时,可求陈姻伯饬县派一差人护送。沿途写一溜信,一径护送到湖南,或略好些。若陈姻伯因系亲戚避嫌不肯,则仍至九江求德化县派差护送。每过一县换一差,不过赏大钱二百文。(咸丰二年八月初八日在蕲州舟中书)

致纪泽（须另搬小房子）

余于初八日在舟中写就家信，十一日早始到黄州。因阻风太久，遂雇一小轿起岸。十二日未刻，到湖北省城。晤常南陔先生之世兄始知湖南消息，长沙被围危急，道路梗阻，行旅不通，不胜悲痛焦灼之至。现在武昌小住，家眷此时万不可出京，且待明年春间再说。开吊之后，另搬一小房子住，余陆续设法寄银进京用。匆匆草此，俟一二日内续寄。（咸丰二年八月十二夜武昌城内发）

致纪泽（家眷不可出京）

十三日在湖北省城住一天，左思右想，只得仍回家见吾父为是。拟十四日起行，由岳州、湘阴绕道出沅江、益阳以至湘乡，约须半月，沿途自知慎重。如果遇贼，即仍回湖北省城。陆续有家信寄京，不必挂念。家眷既不出京，止将书检存箱内，搬一房子，余物概不必动。余行李寄存常大人署中，留荆七、孙福看守，自带丁、韩二人回南。常又差四人护送，可以放心。涤生手示。（咸丰二年八月十三夜在湖北省城发）

致纪泽（宜守乡间旧样）

字谕纪泽儿：

予自在太湖县闻讣后，于廿六日书家信一号，托陈岱云交安徽提塘寄京；念七日发二号家信，托常南陔交湖北提塘寄京；念八日发三号，交丁松亭转交江西提塘寄京。此三次信皆命家眷赶紧出京之说也。八月十三日在湖北发家信第四号，十四日发第五号，念六日到家后发家信第六号。此三次信皆言长沙被围，家眷不必出京之说也。不知皆已收到否？

余于念三日到家，家中一切皆清吉，父亲大人及叔父母以下皆平安。余癣疾自到家后日见痊愈。地方团练，人人皆习武艺，土匪决可无虞。粤

匪之氛虽恶，我境僻处万山之中，不当孔道，亦断不受其蹂躏。现奉父亲大人之命，于九月十三日权厝先妣于下腰里屋后山内，俟明年寻有吉地再行改葬。所有出殡之事，一切皆从俭约。

丁贵自念七日已打发他去了，我在家并未带一仆人，盖居乡即全守乡间旧样，予不参半点官宦习气。丁贵自回益阳，至渠家住数日，仍回湖北为我搬取行李回家，与荆七二人同归。孙福系山东人，至湖南声音不通，即命渠由湖北回京，给渠盘川十六两，想渠今冬可到京也。

尔奉尔母及诸弟妹在京，一切皆宜谨慎。目前不必出京，待长沙贼退后余有信来，再行收拾出京。兹寄去信稿一件，各省应发信单一件，亦可将信稿求袁姻伯或庞师照写一纸发刻。其各省应发信，仍求袁、毛、黎、黄、王、袁诸位妥为寄去。余到家后，诸务丛集，各处不及再写信，前在湖北所发各处信，想已到矣。

十三日申刻，母亲大人发引，戌刻下窆。十九日筑坟可毕。现在地方安静，闻长沙屡获胜仗，想近日即可解围。尔等回家为期亦近。罗劭农至我家，求我家中略为分润渠兄。我家若有钱，或十两，或八两，可略分与芸皋用。不然，恐同县留京诸人有断炊之患也。书不能尽，余俟续示。（咸丰二年九月十八日）

致诸弟（宜注重勤敬和）

澄侯、温甫、子植、季洪四弟足下：

久未遣人回家，家中自唐二、维五等到后亦无信来，想平安也。

余于廿九日自新堤移营，八月初一日至嘉鱼县。初五日自坐小舟至牌洲看阅地势，初七日即将大营移驻牌洲。水师前营、左营、中营自闰七月廿三日驻扎金口。廿七日贼匪水陆上犯，我陆军未到，水军两路堵之。抢贼船二只，杀贼数十人，得一胜仗。罗山于十八、廿三、廿四、廿六等日得四胜仗。初四发摺俱详叙之，兹付回。

初三日接上谕廷寄，余得赏三品顶戴，现具摺谢恩。寄谕并摺寄回。余居母丧，并未在家守制，清夜自思，踽踽不安。若仗皇上天威，江面渐次肃清，即当奏明回籍，事父祭母，稍尽人子之心。诸弟及儿侄辈务宜体我寸心，于父亲饮食起居十分检点，无稍疏忽，于母亲祭品礼仪必洁必诚，于叔父处敬爱兼至，无稍隔阂。兄弟姒娣总不可有半点不和之气。凡一家之中，勤敬二字能守得几分，未有不兴；若全无一分，无有不败。和字能守得几分，未有不兴；不和未有不败者。诸弟试在乡间将此三字于族戚人家历历验之，必以吾言为不谬也。诸弟不好收拾洁净，比我尤甚，此是败家气象。嗣后务宜细心收拾，即一纸一缕、竹头木屑，皆宜捡拾，以为儿侄之榜样。一代疏懒，二代淫佚，则必有昼睡夜坐、吸食鸦片之渐矣。四弟、九弟较勤，六弟、季弟较懒。以后勤者愈勤，懒者痛改，莫使子侄学得怠惰样子。至要至要。子侄除读书外，教之扫屋、抹桌凳、收粪、锄草，是极好之事，切不可以为有损架子而不为也。

(咸丰四年八月十一日)

致诸弟（勿使子侄骄佚）

澄、温、沅、季四位老弟左右：

廿五日著胡二等送家信报收复武汉之喜；廿七日具摺奏捷。初一日制台杨慰农濡到鄂相会。是日又奏廿四夜焚襄河贼舟之捷。初七日奏三路进兵之摺。其日西刻杨载福、彭玉麟等率水师六十余船，前往下游剿贼。初九日前次谢恩摺，奉朱批回鄂。初十日，彭四、刘四等来营。进攻武汉三路进剿之摺，奉朱批到鄂。十一日，武汉克复之摺奉朱批、廷寄、谕旨等件。兄署湖北巡抚，并赏戴花翎。兄意母丧未除，断不敢受官职。若一经受职，则二年来之苦心孤诣，似全为博取高官美职，何以对吾母于地下？何以对宗族乡党？方寸之地，何以自安？是以决计具摺辞谢，想诸弟亦必以为然也。

功名之地，自古难居。兄以在籍之官，募勇造船，成此一番事业，名震一时。人之好名，谁不如我？我有美名，则人必有受不美之名者。相形之际，盖难为情。兄惟谨慎谦虚，时时省惕而已。若仗圣主之威福，能速将江西肃清，荡平此贼，兄决意奏请回籍。事奉吾父，改葬吾母，久或三年，暂或一年，亦足稍慰区区之心，但未知圣意果能俯从否。

诸弟在家，总宜教子侄守勤敬。吾在外既有权势，则家中子弟最易流于骄，流于佚，二字者，败家之道也。万望诸弟刻刻留心，勿使后辈近于此二字。至要至要。

罗罗山于十二日拔营,智亭于十三日拔营,余十五六亦拔营东下也。余不一一。乞禀告父亲大人、叔父大人万福金安。(咸丰四年九月十三日)

致纪泽(宜教新妇作羹)

字谕纪泽儿:

　　胡二等来,接尔安禀,字画尚未长进。尔今年十八岁,齿已渐长,而学业未见其益。陈岱云姻伯之子号吉生者,今年入学,学院批其诗冠通场。渠系戊戌二月所生,比尔仅长一岁,以其无父无母家渐清贫,遂尔勤苦好学,少年成名。尔幸托祖父余荫,衣食丰适,宽然无虑,遂尔醺豢佚乐,不复以读书立身为事。古人云:劳则善心生,佚则淫心生。孟子云:生于忧患,死于安乐。吾虑尔之过于佚也。新妇初来,宜教之入厨作羹,勤于纺绩,不因其为富贵子女不事操作。大、二、三诸女已能作大鞋否?三姑一嫂,每年作鞋一双寄余,各表孝敬之忱,各争针黹之工;所织之布,作成衣袜寄来,余亦得察闺门以内之勤惰也。余在军中不废学问,读书写字未甚间断,惜年老眼蒙,无甚长进。尔今未弱冠,一刻千金,切不可浪掷光阴。四年所买衡阳之田,可觅人售出,以银寄营,为归还李家款。父母存,不有私财,士庶人且然,况余身为卿大夫乎?

　　余癣疾复发,不似去秋之甚。李次青十七日在抚州败挫,已详寄沅浦函中。现在崇仁加意整顿,三十日获一胜仗。口粮缺乏,时有决裂之虞,深用焦灼。

　　尔每次安禀详陈一切,不可草率,祖父大人之起居,合家之琐事,学堂之工课,均须详载。切切此谕。(咸丰六年十月初二日)

致四弟(宜常在家侍父)

澄侯四弟左右:

　　胡二等来,知弟不在家,出看本县团练。吾兄弟五人,皆出外带勇。季居三十里外,弟又常常他出,遂无一人侍奉父亲膝下;温亦不克遄归侍奉叔父，实于《论语》"远游"、"喜惧"二章之训相违。现余令九弟速为瑞州，与温并军，庶二人可以更番归省。澄弟宜时常在家，以尽温清之职，不宜干预外事。至嘱至嘱。李次青自抚州退保崇仁，尚属安静。惟败通之自抚回省者，日内在中丞署中，闹请口粮，与三年艾一村之局相似，实为可虑。明年延师，父大人意欲请曾香清，甚好甚好。此君品学兼优，吾所素佩。弟可嘱人作书往聘。稍迟旬日，吾再手缄请之。其馆金丰俭，则父大人酌定，吾自营寄归可也。（咸丰六年十月初三日）

致四弟（不宜常常出门）

澄侯四弟左右：

初六俊四等来营，奉到父大人谕帖并各信件，得悉一切。

弟在各乡看团阅操，日内计已归家。家中无人，田园荒芜，堂上定省多阙，弟以后总不宜常常出门。至嘱至嘱。罗家姻事，暂可缓议。近日人家，一人宦途即习于骄奢，吾深以为戒。三女许字，意欲择一俭朴耕读之家，不必定富室名门也。杨子春之弟四人捐官者，吾于二月廿一日具奏，闻部中已议准，部照概交南抚。子春曾有函寄雪琴，似已领到执照者，请查明再行布闻。

长夫在大营，不善抬轿，余每月出门不过五六次，每出则摇摆战栗，不合脚步。兹仅留刘一、胡二、盛四及新到之俊四、声六在此。余俱遣之归籍。以后即雇江西本地轿夫，家中不必添派也。

此间军务，建昌府之闽兵昨又败挫，而袁州克复，大局已转，尽可放心。十月内饷项亦略宽裕矣。（咸丰六年十一月初七日）

致四弟（得两弟为帮手）

澄侯四弟左右：

二十八日，由瑞州营递到父大人手谕并弟与泽儿等信，具悉一切。

六弟在瑞州，办理一应事宜尚属妥善，识见本好，气质近亦和平。九弟治军严明，名望极振。吾得两弟为帮手，大局或有转机。次青在贵溪尚

平安，惟久缺口粮，又败挫之后，至今尚未克整顿完好。雪琴在吴城名声尚好，惟水浅不宜舟战，时时可虑。

余身体平安。癣疾虽发，较之往在京师则已大减。幕府乏好帮手，凡奏摺、书信、批禀均须亲手为之，以是未免有延搁耳。余性喜读书，每日仍看数十页，亦不免抛荒军务，然非此则更无以自怡也。

纪泽看《汉书》，须以勤敏行之。每日至少亦须看二十页，不必惑于在精不在多之说。今日半页，明日数页，又明日耽搁间断，或数年而不能毕一部。如煮饭燃，歇火则冷，小火则不熟，须用大柴大火乃易成也。甲五经书已读毕否？须速点速读，不必一一求熟。恐因求熟之一字，而终身未能读完经书。吾乡子弟未读完经书者甚多，此后当力戒之。诸外甥如未读完经书，当速补之。至嘱至嘱。（咸丰六年十一月廿九日）

致九弟（归家料理祠堂）

沅浦九弟左右：

正七归，接一信。启五等归，又接一信。正七以疟故，不能遽回营。启五求于尝新后始去。兹另遣人送信至营，以慰远廑。三代祠堂，或分或合，或在新宅，或另立规模，纯俟弟复吉后归家料理。造祠之法，亦听弟与诸弟为之。落成后，我作一碑而已。余意欲王父母、父母改葬后，将神道碑立毕，然后或出或处，乃可惟余所欲。

目下在家意绪极不佳，回思往事，无一不惭愧，无一不褊浅。幸弟去秋一出，而江西、湖南物望颇隆。家声将自弟振之，兹可欣慰。"靡不有初，鲜克有终"，望弟慎之又慎，总以克终为贵。

家中四宅大小平安。廿三四大小，县城、永丰受害颇甚，我境幸平安无恙。

弟寄归之书皆善本，林氏续选古文雅正，虽向不知名，亦通才也。如有《大学衍义》、《衍义补》二书可买者，买之。学问之道，能读经史者为根柢，如两《通》、两《衍义》及本朝两《通》，萃《六经》诸史之精，该内圣外王之要。若能熟此六书，或熟其一二，即为有本有末之学。家中现有四《通》而无两《衍义》，祈弟留心。弟目下在营不可看书，致荒废正务。天气炎热，精神有限，宜全用于营事也。余近作《宾兴堂记》，钞

稿寄阅。久荒笔墨，但有间架，全无精意。愧甚愧甚。（咸丰八年五月三十日）

致四弟季弟（注重种蔬等事）

澄、季两弟左右：

兄于十二日到湖口，曾发一信，不知何时可到。胡蔚之奉江西耆中丞之命，接我晋省，余因于二十日自湖口开船入省。杨厚庵送至南康，彭雪琴径送至省。诸君子用情之厚，罕有伦比。浙中之贼，闻已全省肃清。余到江，与耆中丞商定，大约由湖口入闽。家中种蔬一事，千万不可怠忽。屋门首塘中养鱼，亦有一种生机；养猪亦内政之要者。下首台上新竹，过伏天后有枯者否？此四者可以觇人家兴衰气象，望时时与朱见四兄熟商。见四在我家，每年可送束脩钱十六千。余在家时，曾面许以如延师课读之例，但未言明数目耳。季弟生意颇好，然此后不宜再作，不宜多作，仍以看书为上。余在湖口，卧病三日，近已痊愈，但微咳嗽，癣疾久未愈，心血亦亏甚，颇焦急也。久不接九弟之信，极为悬系。见其初九日与雪琴一信，言病后元气未复，想皆已全痊矣。（咸丰八年七月廿一日自江西省河下发）

致诸弟（宜兄弟和睦及实行勤俭二字）

澄侯、季洪、沅浦老弟左右：

十七日接澄弟初二日信，十八日接澄弟初五日信，敬悉一切。三河败挫之信，初五日因家中尚无确耗，且县城之内毫无所闻，亦极奇矣！九弟于廿二日在湖口发信，至今未再接信，实深悬系。幸接希庵信，言九弟至汉口后有书与渠，且专人至桐城三河访寻下落，余始知沅浦弟安抵汉口，而久无来信，则不解何故。岂余近日别有过失，沅弟心不以为然耶？当初闻三河凶报，手足急难之际，即有微失，亦当将皖中各事详细示我。

今年四月，刘昌储在我家请乩。乩初到，即判曰："赋得偃武修文，得闲字，字谜败字。"余方讶败字不知何指，乩判曰："为九江言之也，不可喜也。"余又讶九江初克，气机正盛，不知何所为而云。然乩又判曰：

"为天下,即为曾宅言之。"由今观之,三河之挫,六弟之变,正与"不可喜也"四字相应,岂非数皆前定耶?

然祸福由天主之,善恶由人主之。由天主者,无可如何,只得听之;由人主者,尽得一分算一分,撑得一日算一日。吾兄弟断不可不洗心涤虑,以求力挽家运。第一,贵兄弟和睦。去年兄弟不和,以致今冬三河之变。嗣后兄弟当以去年为戒。凡吾有过失,澄、沅、洪三弟各进箴规之言,余必力为惩改;三弟有过,亦当互相箴规而惩改之。第二,贵体孝道。推祖父母之爱以爱叔父,推父母之爱以爱温弟之妻妾儿女及兰、蕙二家。又,父母坟域必须改葬,请沅弟作主,澄弟不必过执。第三,要实行勤俭二字。内间妯娌不可多讲铺张。后辈诸儿须走路,不可坐轿骑马。诸女莫太懒,宜学烧茶煮饭。书、蔬、鱼、猪,一家之生气;少睡多作,一人之生气。勤者生动之气,俭者收敛之气。有此二字,家运断无不兴之理。余去年在家,未将此二字切实作工夫,至今愧憾,是以谆谆言之。(咸丰八年十一月廿三日)

致诸弟(述境遇之顺逆及好说利害话)

澄侯、沅浦、季洪老弟左右:

十五日接澄、沅冬月廿九、三十两函,得悉叔父大人于二十七日患病,有似中风之象。吾家自道光元年即处顺境,历三十余年,均极平安。自咸丰年来,每遇得意之事,即有失意之事,相随而至。壬子科,余典试江西,请假归省,即闻先太夫人之讣。甲寅冬,余克武汉田家镇,声名鼎盛。腊月廿五甫奉黄马褂之赐,是夜即大败,衣服、文卷荡然无存。六年之冬、七年之春,兄弟三人督师于外,瑞州合围之时,气象甚好,旋即遭先大夫之丧。今年九弟克复吉家,誉望极隆,十月初七接到知府道衔谕旨,初十即有温弟三河之变。此四事,皆吉凶同域,忧喜并时,殊不可解。现在家中尚未妄动,妥慎之至!余之意则不免皇皇。所寄各处之信,皆言温弟业经殉节矣,究欠妥慎,幸尚未入奏,将来拟俟湖北奏报后再行具疏也,家中亦俟报到日乃有举动。诸弟老成之见,贤于我矣。

叔父大人之病,不知近状何如?兹专法六归,送鹿茸一架,即沅弟前次送我者。此物补精血远胜他药，或者有济。

迪公、筱石之尸业经收觅，而六弟无之，尚有一线生理。若其同尽，则六弟遗骸必去迪不远也。沅弟信言家庭不可说利害话，此言精当之至，足抵万金。余生平在家在外，行事尚不十分悖谬，惟说些利害话，至今愧悔无极。（咸丰八年十二月十六日）

致诸弟（述六弟妇治家最贤赋命最苦）

澄侯、沅浦、季洪老弟阁下：

十五日接叔父患病之信，十六日专王法六送鹿茸回家，限年内赶到。十七早接澄弟两信，沅弟一信，叔父病势已愈，大幸大幸。温弟之事，日内计已说破，不知叔父与温弟妇能少节哀否。温弟妇治家最贤，而赋命最苦，不知天理何以全不可凭？

十八夜接希庵信，知沅弟所派六弁已回，皆未寻得，而迪庵遗骨于初一日已搬至霍山县。同一殉节，而又有幸有不幸若此！余又专五人去寻，中有二人系贼中逃出者，言必可至三河故垒。其三人则杨名声、杨镇南、张淦也。能寻得遗蜕，尚是不幸中之一幸。否则，吾何面目见吾祖考妣及考妣于地下哉？（咸丰八年十二月二十日）

致诸弟（述起屋造祠堂）

澄侯、沅浦、季洪三弟左右：

王四等来，得知叔父大人病势稍加。得十三日优恤之旨，不知何如。顷又接十九日来函，知叔父病又略愈，欣慰欣慰。然温弟灵柩到家之时，我家祖宗有灵，能保得叔父不添病。六弟妇不过节烈，犹为不幸中之一幸耳。

此间兵事，凯章在景德镇相持如故，所添调之平江三营、宝勇一营，均已到防，或可稳扎。浚川在南康之多城墟打一胜仗，夺伪印四十三颗、伪旗五百余面，皆解至建昌，甚为快慰。惟石达开尚在南安一带，悍贼亦多，不知究竟扫荡否。吉中营以后常不离余左右，沅弟尽可放心起屋起

祠堂。

沅弟言外间訾议，沅弟自任之。余则谓外间之訾议不足畏，而乱世之兵变不可不虑。如江西近岁凡富贵大屋无一不焚，可为殷鉴。吾乡僻陋，眼界甚浅，稍有修造，已骇听闻，若太闳丽，则传播招尤。苟为一方首屈一指，则乱世恐难幸免。望弟再斟酌，于丰俭之间妥善行之。改葬先人之事，将求富求贵之念消除净尽，但求免水蚁以妥先灵，免凶煞以安后嗣而已；若存一丝求富求贵之念，则必为造物鬼神所忌。以吾所见所闻，凡已发之家，未有续寻得大地者。沅弟主持此事，务望将此意拿得稳、把得定。至要至要！

纪泽姻事，以古礼言之，则大祥后可以成婚；以吾乡旧俗言之，则除灵道场后可以成婚。吾因近日贼势尚旺，时事难测，颇有早办之意。纪泽前两禀请心壶钞奏摺，尽可行之，吾每月送脩金二两。应钞之奏，不知家中有底稿否？每钞一篇，可寄目录来一查，注明月日。纪泽之字较之七年二三月间远不能逮。大约握笔宜高，能握至管顶者为上，握至管顶之下寸许者次之，握至毫以上寸许者亦尚可习；若握近毫根，则虽写好字，亦不久必退，且断不能写好字。吾验之于己身，验之于朋友，皆历历可验。纪泽以后宜握管略高，纵低亦须隔毫根寸余。又须用油纸摹帖，较之临帖胜十倍。

沅弟之字不可抛荒，温弟哀辞、墓志及王考妣、考妣神道碑之类，余作就后，均须沅弟认真书写。《宾兴堂记》首段未惬，待日内改就，亦须沅弟写之。沅弟虽忧危忙乱之中，不可废习字工夫，亲戚中虽有漱六、云仙善书，余因家中碑板，不拟请外人书也。（咸丰九年正月十一日）

致四弟（治家有八字诀）

澄侯四弟左右：

廿七日接弟信，欣悉合家平安。沅弟是日申刻到，又得详问一切，敬知叔父临终毫无抑郁之情，至为慰念。余与沅弟论治家之道，一切以星冈公为法，大约有八字诀。其四字即上年所称书、蔬、鱼、猪也，又四字则曰早、扫、考、宝。早者，起早也；扫者，扫屋也；考者，祖先祭祀，敬奉显考、王考、曾祖考，言考而妣可该也；宝者，亲族邻里，时时周旋，贺喜吊丧，问疾济急。星冈公常曰：人待人，无价之宝也。星冈公生平于此数端，最为认真，故余戏述为八字诀曰：书、蔬、鱼、猪、早、扫、考、宝也。此言虽涉谐谑，而拟即写屏上以祝贤弟夫妇寿辰，使后世子孙知吾兄弟家教，亦知吾兄弟风趣也。弟以为然否？（咸丰十年闰三月廿九日）

致四弟（居乡要诀宜俭）

澄弟左右：

五月四日接弟缄。书、蔬、鱼、猪、早、扫、考、宝，横写八字，下用小字注出，此法最好，余必遵办。其次序则改为考、宝、早、扫、书、蔬、鱼、猪。目下因拔营南渡，诸务丛集。苏州之贼已破，嘉兴、淳安之贼已至绩溪，杭州、徽州十分危急，江西亦可危之至。余赴江南，先驻徽郡之祁门，内顾江西之饶州，催张凯章速来饶州会合。又札王梅春募三千人进扎抚州，保江西即所以保湖南也。又札王人树仍来办营务处，不知七月间可赶到否。若此次能保全江西、两湖，则将来仍可以克复。安危大局，所争只在六、七、八、九数月。

泽儿不知已起行来营否？弟为余照料家事，总以俭字为主，情意宜厚，用度宜俭，此居家乡之要诀也。（咸丰十年五月十四日）

致九弟季弟（宜戒后辈骄佚）

沅、季弟左右：

接信，知北岸日内尚未开仗。此间鲍、张于十五日获胜，破万安街贼巢。十七日获胜，破休宁东门外二垒，鲍军亦受伤百余人。正在攻剿得手之际，不料十九日未刻，石埭之贼破羊栈岭而人，新岭、桐林岭同时被破，张军前后受敌，全局大震。比之徽州之失，更有甚焉。余于十一日亲登羊栈岭，为大雾所迷，目无所睹，十二日登桐林岭，为大雪所阻。今失事恰在此二岭，岂果有天意哉？目下张军最可危虑，其次则祁门老营距贼仅八十里，朝发夕至，毫无遮阻。现讲求守垒之法，贼来则坚守以待援

师，倘有疏虞，则志有素定，断不临难苟免。

回首生年五十余，除学问未成，尚有遗憾外，余差可免于大戾。贤弟教训后辈子弟，总当以勤苦为体，谦逊为用，以药骄佚之积习，余无他嘱。（咸丰十年十月廿日）

致四弟（怕子弟骄奢佚）

澄侯四弟左右：

此间于十九日忽被大股贼匪窜入羊栈岭，去祁门老营仅六十里，人心大震。幸鲍、张两军于廿日、廿一日大战获胜，克复黟县，追贼出岭，转危为安。此次之险，倍于八月廿五徽州失守时也。现贼中伪侍王李世贤、伪忠王李秀成、伪辅王杨辅清皆在徽境与兄作对。伪英王陈玉成在安庆境，与多、礼、沅、季作对。军事之能否支持，总在十月、十一月内见大分晓。

甲三十月初六至武穴，此时计将抵家。余在外无他虑，总怕子侄习于骄奢佚三字。家败离不得个奢字，人败离不得个佚字，讨人嫌离不得个骄字，弟切戒之。（咸丰十年十月廿四日）

致四弟（教子侄以谦勤）

澄侯四弟左右：

自十一月来奇险万状，风波迭起，文报不通者五日，饷道不通者二十余日。自十七日唐桂生克复建德，而皖北沅、季之文报始通。自鲍镇廿八日至景德镇，贼退九十里，而江西饶州之饷道始通。若左、鲍二公能将浮梁、鄱阳等处之贼逐出江西境外，仍从建德窜出，则风波渐平，而祁门可庆安稳矣。

余身体平安。此一月之惊恐危急，实较之八月徽、宁失守时险难数倍。余近年在外，问心无愧，死生祸福，不甚介意，惟接到英、法、美各国通商条款，大局已坏。兹付回二本，与弟一阅。时事日非，吾家子侄辈总以谦勤二字为主，戒傲戒惰，保家之道也。（咸丰十年十二月初四日）

致四弟（教子弟去骄惰）

澄侯四弟左右：

腊底由九弟处寄到书信，具悉一切。弟于世事阅历渐深，而信中不免有一种骄气。天地间惟谦谨是载福之道，骄则满，满则倾矣。凡动口动笔，厌人之俗，嫌人之鄙，议人之短，发人之覆，皆骄也。无论所指未必果当，即使一一切当，已为天道所不许。吾家子弟满腔骄傲之气，开口便道人短长，笑人鄙陋，均非好气象。贤弟欲戒子弟之骄，先须将自己好议人短、好发人覆之习气痛改一番，然后令后辈事事警改。欲去骄字，总以不轻非笑人为第一义；欲去惰字，总以不晏起为第一义。弟若能谨守星冈公之八字三不信，又谨记愚兄之去骄去惰，则家中子弟日趋于恭谨而不自觉矣。（咸丰十一年正月初四日）

致四弟（教子弟以八本）

澄侯四弟左右：

上次送家信者，三十五日即到。此次专人四十日未到，盖因乐平、饶州一带有贼，恐中途绕道也。自十二日克复休宁后，左军分出八营在于甲路地方小挫，退扎景镇，贼幸未跟踪追犯。左公得以整顿数日，锐气尚未大减。目下左军进剿乐平、鄱阳之贼。鲍公一军，因抚、建吃紧，本调渠赴江西省，先顾根本，次援抚、建。因近日鄱阳有警，景镇可危，又暂留鲍军不遽赴省。胡宫保恐狗逆由黄州下犯安庆沅弟之军，又调鲍军救援北岸。其祁门附近各岭，廿三日又被贼破两处。数月以来，实属应接不暇，危险迭见。而洋人又纵横出入于安庆、湖口、湖北、江西等处，并有欲来祁门之说。看此光景，今年殆万难支持。然余自咸丰三年冬以来，久已以身许国。愿死疆场，不愿死牖下，本其素志。近年在军办事，尽心竭力，毫无愧怍，死即瞑目，毫无悔憾。

家中兄弟子侄，惟当记祖父之八个字，曰："考、宝、早、扫、书、蔬、鱼、猪。"又谨记祖父之三不信，曰："不信地师，不信医药，不信僧

巫。"余日记册中又有八本之说，曰："读书以训诂为本，作诗文以声调为本，事亲以得欢心为本，养身以戒恼怒为本。立身以不妄语为本，居家以不晏起为本，作官以不要钱为本，行军以不扰民为本。"此八本者，皆余阅历而确有把握之论，弟亦当教诸子侄谨记之。无论世之治乱，家之贫富，但能守星冈公之八字与余之八本，总不失为上等人家。余每次写家信，必谆谆嘱付。盖因军事危急，故预告一切也。

余身体平安。营中虽欠饷四月，而军心不甚涣散。或尚能支持，亦未可知。家中不必悬念。（咸丰十一年二月廿四日）

致四弟（必须爱惜物力）

澄弟左右：

围山觜桥稍嫌用钱太多，南塘竟希公祠宇亦尽可不起。沅弟有功于国，有功于家，千好万好，但规模太大，手笔太廓，将来难乎为继。吾与弟当随时斟酌，设法裁减。此时竟希公祠宇业将告竣，成事不说，其星冈公祠及温甫事恒两弟之祠，皆可不修，且待过十年之后再看。至嘱至嘱。余往年撰联赠弟，有俭以养廉，直而能忍二语。弟之直，人人知之；其能忍，则为阿兄所独知；弟之廉，人人料之；其不俭，则阿兄所不及料也。以后望弟于俭字加一番工夫，用一番苦心、不特家常用度宜俭，即修造平费周济人情，亦有一俭字意思。总之爱惜物力，不失寒士之家风而已。吾弟以为然否？（同治元年十一月十四日）

致四弟（惜福贵乎勤俭）

澄弟左右：

吾不欲多寄银物至家，总恐老辈失之奢，后辈失之骄，未有钱多而子弟不骄者也。吾兄弟欲为先人留遗泽，为后人惜余福，除却勤俭二字，别无作法。弟与沅弟皆能勤而不能俭，余微俭而不甚俭，子侄看大眼、吃大口，后来恐难挽。弟须时时留心。（同治二年正月十四日）

致九弟（欣悉家庭和睦）

沅弟左右：

　　苦攻无益，又以皖北空虚之故，心急如焚。我弟忧劳如此，何可再因上游之事，添出一番焦灼。上游之事，千妥万妥，两岸之事，皆易收拾。弟积劳太久，用心太苦，不可再虑及他事。弟以博文约礼奖泽儿，语太重大，然此儿纯是弟奖措而日进。记咸丰七年冬，胡帅寄余信，极赞三庵一琴之贤，时温弟在座，告余曰：沅弟实胜迪、希、厚、雪。余彼尚不深信，近见弟之围攻百数十里而毫无罅隙，欠饷数百万而毫无怨言，乃信温弟之誉有所试。然则弟之誉泽儿者，或亦有所试乎？余于家庭有一欣慰之端。闻妯娌及子侄辈和睦异常，有姜被同眠之风，爱敬兼至，此足卜家道之兴。然亦全赖老弟分家时，布置妥善，乃克臻此。余俟江西案办妥，乃赴金陵，弟千万莫过忧灼。至嘱至嘱。（同治二年六月初一日）

致四弟（教家勤俭为主）

澄弟左右：

　　余在金陵二十日起行至安庆，内外大小平安。门第太甚，余教儿女辈惟以勤俭谦三字为主。自安庆以至金陵，沿江六百里，大小城隘，皆沅弟之所攻取。余之幸得大名，皆沅弟之所赠送也，皆高曾祖父之所留遗也。余欲上不愧先人，下不愧子弟，惟以力教家中勤俭为主。余于俭字作到六七分，勤字则尚无五分工夫。弟与沅弟于勤字作到六七分，俭字则尚欠工夫。以后勉其所长，各戒其所短。弟每用一钱，均须三思。至嘱。（同治三年八月初四日）

致四弟（宜以耕读为本）

澄弟左右：

　　吾乡雨水沾足，甲五、科三、科九三侄妇，皆有梦熊之祥，至为欢

慰。吾自五十以后，百无所求，惟望星冈公之后丁口繁盛，此念刻刻不忘。吾德不及祖父远甚，惟此心则与祖父无殊。弟与沅弟望后辈添丁之念，又与阿兄无殊。或者天从人愿，鉴我三兄弟之诚心，从此丁口日盛，亦未可知。且即此一念，见我兄弟之同心，无论何房添丁，皆有至乐，和气致祥，自有可卜昌明之理。沅弟自去冬以来，忧郁无极，家眷拟不再接来署。吾精力日衰，断不能久作此官，内人率儿妇辈久居乡间，将一切规模立定，以耕读二字为本，乃是长久之计。（同治六年五月初五日）

修 身 类

禀父母（谨守保身之训）

男国藩跪禀父亲大人万福金安：

自闰三月十四日在都门拜送父亲，嗣后共接家信五封。五月十五日父亲到长沙发信，内有四弟信、六弟文章五首，谨悉祖父母大人康强，家中老幼平安，诸弟读书发奋，并喜父亲出京一路顺畅，自京至省，仅三十余日，真极神速。

兹际男身体如常。每夜早眠，起亦渐早。惟不耐久思，思多则头昏。故常冥心于无用，优游涵养，以谨守父亲保身之训。

九弟功课有常。《礼记》九本已点完，《鉴》已看至三国，《斯文精粹》诗、文各已读半本。诗略进功，文章未进功，男亦不求速效。观其领悟，已有心得，大约手不从心耳。

甲三于四月下旬能行走，不须扶持，尚未能言。无乳可食，每日一粥两饭。家妇身体亦好，已有梦熊之喜。婢仆皆如故。

今年新进士龙翰臣得状元，系前任湘乡知县见田年伯之世兄。同乡六人，得四庶常、两知县。复试单已于闰三月十六日付回，兹又付呈殿试朝考全单。同乡京官如故。郑莘田给谏服阕来京。梅霖生病势沉重，深为可虑。黎樾乔老前辈处，父亲未去辞行，男已道达此意。广东之事，四月十八日得捷音，兹将钞报付回。

男等在京自知谨慎，堂上各老人不必挂怀。家中事，兰姊去年生育，是男是女？楚善事如何成就，伏望示知。男谨禀，即请母亲大人万福金安。（道光二十一年五月十八日）

禀父母（痛改从前过失）

男国藩跪禀父母亲大人万福金安：

十月廿二奉到手谕，敬悉一切。郑小珊处小隙已解。男从前于过失，每自忽略。自十月以来，念念改过，虽小必惩。其详具载示弟书中。耳鸣近日略好，然微劳即鸣。每日除应酬外，不能不略自用功，虽欲节劳，实难再节。手谕示以节劳节欲节饮食，谨当时时省记。

萧辛五先生处寄信，不识靠得住否？龙翰臣父子已于十月初一日到京。布匹线索俱已照单收到，惟茶叶尚在黄恕皆处，恕皆有信与男，本月可到也。男妇等及孙男女皆平安。余详于弟书。谨禀。（道光二十二年十月二十六日）

致诸弟（详述克治之功）

诸位贤弟足下：

十月廿一接九弟在长沙所发信，内途中日记六叶，外药子一包。廿二接九月初二日家信，欣悉以慰。

自九弟出京后，余无日不忧虑，诚恐道路变故多端，难以臆揣。及读来书，果不出吾所料。千辛万苦，始得到家。幸哉幸哉！郑伴之不足恃，余早已知之矣。郁滋堂如此之好，余实不胜感激。在长沙时，曾未道及彭山屺，何也？

四弟来信甚详，其发愤自励之志，溢于行间。然必欲找馆出外，此何意也？不过谓家塾离家太近，容易耽搁，不如出外较净耳。然出外从师，则无甚耽搁；若出外教书，其耽搁更甚于家塾矣。且苟能发奋自立，则家塾可读书，即旷野之地、热闹之场亦可读书，负薪牧豕，皆可读书；苟不能发奋自立，则家塾不宜读书，即清净之乡、神仙之境皆不能读书。何必择地？何必择时？但自问立志之真不真耳！

六弟自怨数奇，余亦深以为然。然屈于小试辄发牢骚，吾窃笑其志之小，而所忧之不大也。君子之立志也，有民胞物与之量，有内圣外王之业，而后不忝于父母之所生，不愧为天地之完人。故其为忧也，以不如舜不如周公为忧也，以德不修学不讲为忧也。是故顽民梗化则忧之，蛮夷猾夏则忧之，小人在位贤人否闭则忧之，匹夫匹妇不被己泽则忧之，所谓悲天命而悯人穷。此君子之所忧也。若夫一体之屈伸，一家之饥饱，世俗之荣辱得失、贵贱毁誉，君子固不暇忧及此也。六弟屈于小试，自称数奇，余窃笑其所忧之不大也。

盖人不读书则已，亦即自名曰读书人，则必从事于《大学》。《大学》之纲领有三：明德、新民、止至善，皆我分内事也。若读书不能体贴到身上去，谓此三项与我身毫不相涉，则读书何用？虽使能文能诗，博雅自诩，亦只算得识字之牧猪奴耳！岂得谓之明理有用之人也？朝廷以制艺取士，亦谓其能代圣贤立言，必能明圣贤之理，行圣贤之行，可以居官莅民、整躬率物也。若以明德、新民为分外事，则虽能文能诗，而于修己治人之道实茫然不讲，朝廷用此等人作官，与用牧猪奴作官何以异哉？然则既自名为读书人，则《大学》之纲领，皆己立身切要之事明矣。其修目有八，自我观之，其致功之处，则仅二者而已：曰格物，曰诚意。

格物，致知之事也；诚意，力行之事也。物者何？即所谓本末之物也。身、心、意、知、家、国、天下皆物也，天地万物皆物也，日用常行之事皆物也。格者，即格物而穷其理也。如事亲定省，物也；究其所以当定省之理，即格物也。事兄随行，物也；究其所以当随行之理，即格物也。吾心，物也；究其存心之理，又博究其省察涵养以存心之理，即格物也。吾身，物也；究其敬身之理，又博究其立齐坐尸以敬身之理，即格物也。每日所看之书，句句皆物也。切己体察，穷究其理，即格物也。此致知之事也。所谓诚意者，即其所知而力行之，是不欺也。知一句便行一句，此力行之事也。此二者并进，下学在此，上达亦在此。吾友吴竹如格物工夫颇深，一事一物，皆求其理。倭艮峰先生则诚意工夫极严，每日有日课册，一日之中，一念之差、一事之失、一言一默皆笔之于书，书皆楷字，三月则订一本，自乙未年起，今三十本矣。盖其慎独之严，虽妄念偶动，必即时克治，而著之于书。故所读之书，句句皆切身之要药。兹将艮峰先生日课钞三叶付归与诸弟看。余自十月初一日起亦照艮峰样，每日一念一事皆写之于册，以便触目克治，亦写楷书。冯树堂与余同日记起，亦有日课册。树堂极为虚心，爱我如兄弟，敬我如师，将来必有所成。余向来有无恒之弊，自此写日课本子起，可保终身有恒矣。盖明师益友，重重

夹持，能进不能退也。本欲钞余日课册付诸弟阅，因今日镜海先生来要将本子带回去，故不及钞。十一月有摺差准钞几叶付回也。余之益友，如倭艮峰之瑟僴，令人对之肃然。吴竹如、窦兰泉之精义，一言一事，必求至是。吴子序、邵蕙西之谈经，深思明辨。何子贞之谈字，其精妙处无一不合，其谈诗尤最符契。子贞深喜吾诗，故吾自十月来，已作诗十八首，兹钞二叶付回与诸弟阅。冯树堂、陈岱云之立志，汲汲不遑，亦良友也。镜海先生吾虽未尝执贽请业，而心已师之矣。吾每作书与诸弟，不觉其言之长，想诸弟或厌烦难看矣，然诸弟苟有长信与我，我实乐之，如获至宝，人固各有性情也。余自十月初一日起记日课，念念欲改过自新。思从前与小珊有隙，实是一朝之忿，不近人情，即欲登门谢罪，恰好初九日小珊来拜寿，是夜余即至小珊家久谈。十三日与岱云合伙请小珊吃饭。从此欢笑如初，前隙尽释矣。近事大略如此，容再续书。兄国藩手具。（道光二十二年十月二十六日）

禀父母（劝弟除骄傲气）

男国藩跪禀父母亲大人万福金安：

六月廿日，接六弟五月十二书，七月十六接四弟、九弟五月廿九日书，皆言忙迫之至，寥寥数语，字迹潦草，即县试案首前列皆不写出。同乡有同日接信者，即考古考老生皆已详载。同一摺差也，各家发信迟十余日而从容，诸弟发信早十余日而忙迫，何也？且次次忙迫，无一次从容者，又何也？

男等在京大小平安，同乡诸家皆好。惟汤海秋于七月八日得病，初九日未刻即逝。六月二十八考教习，冯树堂、郭筠仙、朱啸山皆取。湖南今年考差，仅何子贞得差，余皆未放。惟陈岱云光景最苦。男因去年之病，反以不放为乐。王仕四已善为遣回。率五大约在粮船回，现尚未定。渠身体平安，二妹不必挂心。叔父之病，男累求详信直告，至今未得，实不放心。甲三读《尔雅》，每日二十余字，颇肯率教。

六弟今年正月信欲从罗罗山处附课，男甚喜之。后来信绝不提及，不知何故？所付来京之文，殊不甚好。在省读书二年，不见长时，男心实忧之而无如何，只恨男不善教诲而已。大抵第一要除骄傲气习。中无所有而夜郎自大，此最坏事。四弟、九弟虽不长进，亦不自满。求大人教六弟，总期不自满足为要。余俟续陈。男谨禀。（道光二十四年七月廿日）

致诸弟（勉以进德修业）

四位老弟左右：

昨念七日接信，畅快之至，以信多而处处详明也。

四弟《七夕》诗甚佳，已详批诗后。从此多作诗亦甚好，但须有志有恒，乃有成就耳。余于诗亦有工夫，恨当世无韩昌黎及苏、黄一辈人可与发吾狂言者。但人事太多，故不常作诗，用心思索，则无时敢忘之耳。

吾人只有进德、修业两事靠得住。进德，则孝弟仁义是也；修业，则诗文作字是也。此二者由我作主，得尺则我之尺也，得寸则我之寸也。今日进一分德，便算积了一升谷；明日修一分业，又算余了一分钱。德业并增，则家私日起。至富贵功名，悉由命定，丝毫不能自主。昔某官有一门生为本省学政，托以两孙，当面拜为后生。后两孙岁考临场大病，科考丁艰，竟不入学。数年后两生乃皆入学，其长者仍得两榜。此可见早迟之际，时刻皆有前定。尽其在我，听其在天，万不稍生妄想。六弟天分较诸弟更高，今年受黜，未免愤怨。然及此正可困心衡虑，大加卧薪尝胆之功，切不可因愤废学。

九弟劝我治家之法，甚有道理。喜甚慰甚。自荆七遣去之后，家中亦甚整齐，待率五归家便知。《书》曰："非知之艰，行之维艰。"九弟所言之理，亦我所深知者。但不能庄严威厉，使人望若神明耳。自此后，当以九弟言书诸绅而刻刻警省。

季弟天性笃厚，诚如四弟所云："乐何如之。"求我示读书之法及进德之道，另纸开示。余不具。国藩手草。（道光二十四年八月廿九日）

致诸弟（切勿恃才傲物）

四位老弟足下：

吾人为学最要虚心。尝见朋友中有美材者，往往恃才傲物，动谓人不

如己,见乡墨则骂乡墨不通,见会墨则骂会墨不通,既骂房官,又骂主考,未入学者则骂学院。平心而论,己之所为诗文,实亦无胜人之处;不特无胜人之处,而且有不堪对人之处。只为不肯反求诸己,便都见得人家不是,既骂考官,又骂同考而先得者。傲气既长,终不进功,所以潦倒一生而无寸进矣。

余生平科名极为顺遂,惟小考七次始售。然每次不进,未尝敢出一怨言,但深愧自己试场之诗文太丑而已。至今思之,如芒在背。当时之不敢怨言,诸弟问父亲、叔父及朱尧阶便知。盖场屋之中,只有文丑而侥幸者,断无文佳而埋没者,此一定之理也。

三房十四叔非不勤读,只为傲气太胜,自满自足,遂不能有所成。京城之中,亦多有自满之人,识者见之,发一冷笑而已。又有当名士者,鄙科名为粪土,或好作诗古,或好讲考据,或好谈理学,嚣嚣然自以为压倒一切矣。自识者观之,彼其所造,曾无几何,亦足发一冷笑而已。故吾人用功,力除傲气,力戒自满,毋为人所冷笑,乃有进步也。诸弟平日皆恂恂退让,第累年小试不售,恐因愤激之久,致生骄惰之气,故特作书戒之,务望细思吾言而深省焉。幸甚幸甚。国藩手草。(道光二十四年十月廿一日)

禀父母(不敢过分用心)

男国藩跪禀父母亲大人万福金安:

四月十四日接奉父亲三月初九日手谕,并叔父大人贺喜手示,及四弟家书。敬悉祖父大人病体未好,且日加沉剧。父叔率诸兄弟服侍已逾三年,无昼夜之间,无须臾之懈,独男一人远离膝下,未得一日尽孙子之职,罪责甚深。闻华弟、荃弟文思大进,葆弟之文得华弟讲改,亦日驰千里,远人闻此,欢慰无极。

男近来身体不甚结实,稍一用心,即癣发于面。医者皆言心亏血热,故不能养肝;热极生风,阳气上干,故见于头面。男恐大发,则不能人见,故不敢用心,谨守大人保养身体之训。隔日一至衙门办公事,余则在家,不妄出门。现在衙门诸事,男俱已熟悉。各司官于男皆甚佩服,上下水乳俱融,同寅亦极协和。男虽终身在礼部衙门为国家办照例之事,不苟不懈尽就条理,亦所深愿也。

英夷在广东，今年复请入城。徐总督办理有方，外夷折服，竟不入城。从此永无夷祸，圣心嘉悦之至。术者每言皇上连年命运行劫财地，去冬始交脱。皇上亦每为臣工言之。今年气象果为昌泰，诚国家之福也。

儿妇及孙女辈皆好。长孙纪泽前因开蒙太早，教得太宽，顷读毕《书经》，请先生再将《诗经》点读一遍。夜间讲《纲鉴》正史，约已讲至秦商鞅开阡陌。李家亲事，男因桂阳州往来太不便，已在媒人唐鹤九处回信不对。常家亲事，男因其女系妾所生，已知其不谐矣。

纪泽儿之姻事屡次不就，男当年亦十五岁始定婚，则纪泽再缓一二年，亦无不可。或求大人即在乡间选一耕读人家之女，或男在京自定，总以无富贵气习者为主。纪云对郭雨三之女，虽未订盟，而彼此呼亲家，称姻弟，往来亲密，断不改移。二孙女对岱云之次子，亦不改移。谨此禀闻，余详与诸弟书中。男谨禀。（道光二十九年四月十六日）

致诸弟（劝宜力除牢骚）

澄侯、温甫、子植、季洪四弟足下：

日来京寓大小平安。癣疾又已微发，幸不为害，听之而已。湖南榜发，吾邑竟不中一人。沅弟书中，言温弟之文典丽矞皇，亦尔被抑。不知我诸弟中将来科名究竟何如，以祖宗之积累及父亲叔父之居心立行，则诸弟应可多食厥报。以诸弟之年华正盛，即稍迟一科，亦未遽为过时。特兄自近年以来，事务日多，精神日耗，常常望诸弟有继起者，长住京城，为我助一臂之力，且望诸弟分此重任，余亦欲稍稍息肩。乃不得一售，使我中心无倚。

盖植弟今年一病，百事荒废；场中又患目疾，自难见长。温弟天分本甲于诸弟，惟牢骚太多，性情太懒。前在京华不好看书，又不作文，余即心甚忧之。近闻还家后，亦复牢骚如常，或数月不搦管为文。吾家之无人继起，诸弟犹可稍宽其责，温弟则实自弃，不得尽诿其咎于命运。吾尝见朋友中牢骚太甚者，其后必多抑塞，如吴枟台、凌荻舟之流，指不胜屈。盖无故而怨天，则天必不许；无故而尤人，则人必不服。感应之理，自然随之。温弟所处，乃读书人中最顺之境，乃动则怨尤满腹，百不如意，实我之所不解。以后务宜力除此病，以吴枟台、凌荻舟为眼前之大戒。凡遇

牢骚欲发之时，则反躬自思：吾果有何不足而蓄此不平之气？猛然内省，决然去之。不惟平心谦抑，可以早得科名，亦且养此和气，可以稍减病患。万望温弟再三细想，勿以吾言为老生常谈，不值一哂也。

  王晓林先生在江西为钦差，昨有旨命其署江西巡抚。余署刑部，恐须至明年乃能交卸。袁漱六昨又生一女。凡四女，已殇其二。又丧其兄，又丧其弟，又一差不得，甚矣！穷翰林之难当也。黄麓西由江苏引见入京，迥非昔日初中进士时气象，居然有经济才。王衡臣于闰月初九引见，以知县用。后于月底搬寓下洼一庙中，竟于九月初二夜无故遽卒。先夕与同寓文任吾谈至二更，次早饭时，讶其不起，开门视之，则已死矣。死生之理，善人之报，竟不可解。

  邑中劝捐弥补亏空之事，余前已有信言之，万不可勉强勒派。我县之亏，亏于官者半，亏于书吏者半，而民则无辜也。向来书吏之中饱，上则吃官，下则吃民。名为包征包解，其实当征之时，则以百姓为鱼肉而吞噬之；当解之时，则以官为雉媒而播弄之。官索钱粮于书吏之手，犹索食于虎狼之口，再四求之，而终不肯吐，所以积成巨亏。并非实欠在民，亦非官之侵蚀入己也。今年父亲大人议定粮饷之事，一破从前包征包解之陋风，实为官民两利，所不利者，仅书吏耳。即见制台留朱公，亦造福一邑不小。诸弟皆宜极力助父大人办成此事。惟捐银弥亏，则不宜操之太急，须人人愿捐乃可。若稍有勒派则好义之事，反为厉民之举，将来或翻为书吏所藉口，必且串通劣绅，仍还包征包解之故智，万不可不预防也。梁侍御处银二百，月内必送去。凌宅之二百，亦已兑去。公车来，兑六七十金，为送亲族之用，亦必不可缓。但京寓近极艰窘。此外，不可再兑也。书不详尽，余俟续具。兄国藩手草。（咸丰元年九月初五日）

致四弟（劝宜不露圭角）

澄侯四弟左右：

  顷接来缄，又得所寄吉安一缄，具悉一切。朱太守来我县，王、刘、蒋、唐往陪，而弟不往，宜其见怪。嗣后弟于县城省城均不宜多去。处兹大乱未平之际，惟当藏身匿迹，不可稍露圭角于外，至要至要。

  吾年来饱阅世态，实畏宦途风波之险，常思及早抽身，以免咎戾。家

中一切，有关系衙门者，以不与闻为妙。（咸丰六年九月初十日）

致九弟（劝宜息心忍耐）

沅浦九弟左右：

十二日申刻代一自县归，接弟手书，具审一切。

十三日未刻文辅卿来家，病势甚重，自醴陵带一医生偕行，似是瘟疫之症。两耳已聋，昏迷不醒，间作谵语，皆惦记营中。余将弟已赴营、省城可筹半饷等事告之四五次，渠已醒悟，且有喜色。因嘱其静心养病，不必挂念营务，余代为函告南省、江省等语，渠亦即放心。十四日由我家雇夫送之还家矣。若调理得宜，半月当可痊愈，复原则尚不易易。

陈伯符十二日来我家，渠因负疚在身，不敢出外酬应，欲来乡为避地计。黄子春官声极好，听讼勤明，人皆畏之。

弟到省之期，计在二十日。余日内甚望弟信，不知金八、佑九何以无一人归来？岂因饷事未定，不遽遣使归与？弟性褊急似余，恐怫郁或生肝疾，幸息心忍耐为要。兹趁便寄一缄托黄宅转递，弟接到后，望专人送信一次，以慰悬悬。

家中大小平安。诸小儿读书，余自能一一检点，弟不必挂心。（咸丰七年九月廿二日）

致九弟（在营宜保身体）

沅浦九弟左右：

廿二夜灯后佑九、金八归，接到十五夜所发之信，知十六日已赴吉安，屈指计弟廿四日当可抵营，廿五六当专人归来，今日尚未到家，望眼又复悬悬。

吉字中营尚易整顿否？古之成大事者，规模远大与综理密微，二者阙一不可。弟之综理密微，精力较胜于我。军中器械其略精者，宜另立一簿，亲自记注，择人而授之。古人以铠仗鲜明为威敌之要务，恒易取胜。刘峙衡于火器亦勤于修整，刀矛则全不讲究。余曾派褚景昌赴河南采买白

蜡杆子，又办腰刀分赏各将弁，人颇爱重。弟试留心此事，亦综理之一端也。至规模宜大，弟亦讲求及之。但讲阔大者，最易混入散漫一路。遇事颠顿，毫无条理，虽大亦奚足贵？差等不紊，行之可久。斯则器局宏大，无有流弊者耳！顷胡润之中丞来书，赞弟有曰"才大器大"四字。余甚爱之。才根于器，良为知言。

湖口贼舟于九月八日焚夺净尽，湖口梅家洲皆于初九日攻克。三年积愤，一朝雪耻，雪琴从此重游浩荡之宇。惟次青尚在坎窞之中，弟便中可与通音问也。润翁信来，仍欲奏请余出东征。余顷复信，具陈其不宜。不知可止住否？彭中堂复信一缄，由弟处寄至文方伯署，请其转递至京。或弟有书呈藩署，末添一笔亦可。李迪庵近有请假回籍省亲之意，但未接渠手信。渠之带勇，实有不可及处，弟宜常与通信，殷殷请益。弟在营须保养身体，肝郁最伤人，余平生受累以此，宜和易以调之也。（咸丰七年十月初四日）

致九弟（述无恒的弊病）

沅浦九弟左右：

十二日正七、有十归，接弟信，备悉一切。

定湘营既至三曲滩，其营官成章鉴亦武弁中之不可多得者，弟可与之款接。

来书谓意趣不在此，则兴会索然。此却大不可，凡人作一事，便须全副精神注在此一事。首尾不懈，不可见异思迁，作这样想那样，坐这山望那山。人而无恒，终身一无所成。我生平坐犯无恒的弊病，实在受害不少。当翰林时，应留心诗字，则好涉猎他书，以纷其志。读性理书时，则杂以诗文各集，以歧其趋。在六部时，又不甚实力讲求公事。在外带兵，又不能竭力专治军事，或读书写字以乱其志意。坐是垂老而百无一成。即水军一事，亦掘井九仞而不及泉，弟当以为鉴戒。现在带勇，即埋头尽力以求带勇之法，早夜孳孳，日所思，夜所梦，舍带勇以外则一概不管。不可又想读书，又想中举，又想作州县，纷纷扰扰，千头万绪，将来又蹈我之覆辙，百无一成，悔之晚矣。

带勇之法，以体察人才为第一，整顿营规、讲求战守次之。《得胜歌》

中各条，一一皆宜讲求。至于口粮一事，不宜过于忧虑，不可时常发禀。弟营既得楚局每月六千，又得江局每月二三千，便是极好境遇。李希庵十二来家，言迪庵意欲帮弟饷万金。又余有浙盐赢余万五千两在江省，昨盐局专丁前来禀询，余嘱其解交藩库充饷。将来此款或可酌解弟营，但弟不宜指请耳。饷项既不劳心，全副精神讲求前者数事，行有余力，则联络各营，款接绅士。身体虽弱，却不宜过于爱惜，精神愈用则愈出，阳气愈提则愈盛。每日作事愈多，则夜间临困愈快活。若存一爱惜精神的意思，将前将却，奄奄无气，决难成事。凡此皆因弟兴会索然之言而切戒之者也。弟宜以李迪庵为法，不慌不忙，盈科后进，到八九个月后，必有一番回甘滋味出来。余生平坐无恒流弊极大，今老矣，不能不教诫吾弟吾子。

邓先生品学极好，甲三八股文有长进，亦山先生亦请邓改文。亦山教书严肃，学生甚为畏惮。吾家戏言戏动积习，明年当与两先生尽改之。

镇江、瓜洲同日克复，金陵指日可克。厚庵放闽中提督，已赴金陵会剿，准其专摺奏事。九江亦即日可复。大约军事在吉安、抚、建等府结局，贤弟勉之。吾为其始，弟善其终，实有厚望。若稍参以客气，将以致志，则不能为我争气也。营中哨队诸人气尚完固否？下次祈书及。(咸丰七年十二月十四日)

致九弟（言凶德有二端）

沅浦九弟左右：

初三日刘福一等归，接来信，藉悉一切。

城贼围困已久，计不久亦可攻克。惟严断文报是第一要义，弟当以身先之。

家中四宅平安。余身体不适。初二日住白玉堂，夜不成寐。温弟何日至吉安？

古来言凶德致败者约有二端：曰长傲，曰多言。丹朱之不肖，曰傲，曰嚚讼，即多言观也。历代名公巨卿，多以此二端败家丧身。余生平颇病执拗，德之傲也；不甚多言，而笔下亦略近乎嚚讼。静中默省我之愆尤，处处获戾，其源不外此二者。温弟略与我相似，而发言尤为尖刻。凡傲之凌物，不必定以言语加人，有以神气凌之者矣，有以面色凌之者矣。温弟

之神气，稍有英发之姿，面色间有蛮狠之象，最易凌人。凡中心不可有所恃，心有所恃则达乎面貌。以门第言，我之物望大减，方且恐为子弟之累；以才识言，近今军中炼出人才颇多，弟等亦无过人之处，皆不可恃。只宜抑然自下，一味言忠信，行笃敬，庶几可以遮护旧失，整顿新气，否则，人皆厌薄之矣。沅弟持躬涉世，差为妥洽。温弟则谈笑讥讽，要强充老手，犹不免有旧习。不可不猛省！不可不痛改！余在军多年，岂无一节可取？只因傲之一字，百无一成，故谆谆教诸弟以为戒也。（咸丰八年三月初六日）

致九弟（愿共鉴诫二弊）

沅浦九弟左右：

二十四日胡二等归，接弟十三日书，具悉一切。

所誉兄之善处，虽未克当，然亦足以自怡。兄之郁郁不自得者，以生平行事，有初鲜终，此次又草草去职，致失物望，不无内疚。

长傲、多言二弊，历观前世卿大夫兴衰，及近日官场所以致祸福之由，未尝不视此二者为枢机，故愿与诸弟共相鉴诫。第能惩此二者，而不能勤奋以图自立，则仍无以兴家而立业。故又在乎振刷精神，力求有恒，以改我之旧辙而振家之丕基。弟在外数月，声望颇隆，总须始终如一，毋怠毋荒，庶几于弟为初旭之升，而于兄亦代为桑榆之补。至嘱至嘱。

次青奏赴浙江，令人阅之生气。以次青之坚忍，固宜有出头之一日，而咏公亦可谓天下之快人快事矣。

弟劝我与左季高通信问，此次暂未暇作，准于下次寄弟处转递。此亦兄长傲一端，弟既有言，不敢遂非也。（咸丰八年三月廿四日）

致九弟（注重平和二字）

沅浦九弟左右：

春二、安五归，接手书，知营中一切平善，至为欣慰。

次青二月以后无信寄我，其眷属至江西，不知果得一面否？弟寄接到胡中丞奏伊入浙之稿，未知是否成行？顷得著中丞十三日书，言浙省江山、兰溪两县失守，次青前往会剿，是次青近日声光，亦渐渐脍炙人口。广信、衢州两府不失，似浙中终无可虑，未审近事究复如何。广东探报，言洋人有船至上海，亦恐其为金陵余孽所攀援。若无此等意外波折，则洪、杨股匪不患今岁不平耳。

九江竟尚未克，林启荣之坚忍，实不可及。闻麻城防兵，于三月十日小挫一次，未知确否？弟于次青、迪庵、雪琴等处须多通音问，余亦略有见闻也。

兄病体已愈十之七八，日内并未服药，夜间亦能熟睡，至子丑以后则醒，是中年后人常态，不足异也。湘阴吴贞阶司马于念六日来乡，是厚庵嘱其来一省视，次日归去。

余所奏报销大概规模一摺，奉朱批："该部议奏。"户部旋于二月初九日覆奏，言"曾国藩所拟尚属妥协"云云。至将来需用部费不下数万。闻杨、彭在华阳镇抽厘，每月可得二万，系雪琴督同凌荫廷、刘国斌经纪其事，其银归水营杨、彭两大股分用。余偶言可从此项下设法筹出部费，贞阶力赞其议。想杨、彭亦必允从。此款有着，则余心又少一牵挂矣。

温弟丰神较峻，与兄之伉直简淡虽微有不同，而其难谐世，则殊途而同归。余常用为虑。大抵胸中抑郁，怨天尤人，不特不可以涉世，亦非所以养德；不特无以养德，亦非所以保身。中年以后，则肝肾交受其病。盖郁而不畅，则伤木；心火上烁，则伤水。余今日之目疾，及夜不成寐，其由来不外乎此。故于两弟时时以"平和"二字相勖，幸勿视为老生常谈，至要至嘱。

亲族往弟营者，人数不少，广厦万间，本弟素志。第善觇国者，观贤哲在位，则卜其将兴，见冗员浮杂，则知其将替。善觇军国亦然。似宜略为分别，其极无用者，或厚给途费，遣之归里，或酌赁民房，令住营外，不使军中有惰慢喧嚷之象，庶为得宜。至顿兵城下，为日太久，恐军气渐懈，如雨后已弛之弓，三日已腐之馔，而主者宴然不知其不可用，此宜深察者也。附近百姓，果有骚扰情事否，此亦宜深察者也。（咸丰八年三月三十日）

致四弟（必须加意保养）

澄侯四弟左右：

今年以来，贤弟实在劳苦，较之我在军营，殆过十倍，万望加意

保养。

祁阳之贼，或可不窜湘乡，万一窜人，亦系定数，余已不复悬系。

余自去年六月再出，无不批之禀，无不复之信，往来之嫌隙尤悔，业已消去十分之七八，惟办理军务仍不能十分尽职，盖精神不足也。

贤弟闻我近日在外，尚有错处，不妨写信告我。余派委员伍华瀚在衡州坐探，每二日送信一次。家中若有军情报营，可由衡城交伍转送也。（咸丰九年五月初六日）

致四弟九弟（体弱必须起早）

澄侯、沅浦两弟左右：

接家信，知叔父大人已于三月二日安厝马公塘，两弟于家中两代老人养生送死之事，备极敬诚，将来必食报于子孙。闻马公塘山势平衍，可决其无水蚁凶灾，尤以为慰。

澄弟服补剂而大愈，幸甚幸甚！吾生平颇讲求"惜福"二字之义，近来亦补药不断，且菜蔬亦较奢。自愧享用太过，然亦体气太弱，不得不尔。胡润帅、李希庵常服辽参，则其享受更有过于余者。

家中后辈子弟，体弱学射，最足保养，起早尤千金妙方、长寿金丹也。（咸丰十年三月廿四日）

致九弟（宜平骄矜之气）

沅弟左右：

接来缄，知营墙及前后濠皆倒，良深焦灼，然亦恐是挖壕时不甚得法。若容土覆得极远，虽雨大，不至仍倒入濠内，庶稍易整理。至墙子则无不倒坍，不仅安庆耳。

徽州之贼，窜浙者十之六七，在府城及休宁者闻不过数千人，不知确否？连日雨大泥深，鲍、张不能进剿，深为可惜。季高尚在乐平，余深恐贼窜入江西腹地。商之季高，无遽入皖，季高亦以雨泥不能速进也。润帅谋皖已大半年，一切均有成竹，而临事复派人救援六安，与吾辈及希庵等之初议全不符合。枪法忙乱，而弟与希庵皆有骄矜之气，兹为可虑。希庵论事最为稳妥，如润帅有枪法稍乱之时，弟与希婉陈而切谏之。弟与希之矜气，则彼此互规之，北岸当安如泰山矣。（咸丰十年九月廿一日）

致九弟季弟（须戒傲惰二字）

沅、季弟左右：

沅弟以我切责之缄，痛自引咎，惧蹈危机而思自进于谨言慎行之路，能如是，是弟终身载福之道，而吾家之幸也。季弟信亦平和温雅，远胜往年傲岸气象。

吾于道光十九年十一月初二日进京散馆，十月二十八日早侍祖父星冈公于阶前，请曰："此次进京，求公教训。"星冈公曰："尔之官是作不尽的，尔之才是好的，但不可傲。满招损，谦受益，尔若不傲，更好全了。"遗训不远，至今尚如耳提面命。今吾谨述此语告诫两弟，总以除傲字为第一义。唐虞之恶人曰丹朱，傲；曰象，傲；桀纣之无道，曰强足以拒谏，辩足以饰非，曰谓己有天命，谓敬不足行，皆傲也。吾自八年六月再出，即力戒惰字，以傲无恒之弊。近来又力戒傲字。昨日徽州未败之前，次青心中不免有自是之见，既败之后，余益加猛省。大约军事之败，非傲即惰，二者必居其一；巨室之败，非傲即惰，二者必居其一。

余于初六所发之摺，十月初可奉谕旨，余若奉旨派出，十日即须成行。兄弟远别，未知相见何日。惟愿两弟戒此二字，并戒后辈常守家规，则余心大慰耳。（咸丰十年九月廿四日）

致四弟（保养宜停药物）

澄侯四弟左右：

接弟手书，具悉。弟病日就痊愈，至慰至幸。惟弟服药过多，又坚嘱泽儿请医调治，余颇不以为然。

吾祖星冈公在时，不信医药，不信僧巫，不信地师。此三者，弟必能一一记忆。今我辈兄弟亦宜略法此意，以绍家风。今年作道场二次，祷祀

之事，闻亦常有，是不信僧巫一节，已失家风矣。买地至数千金之多，是不信地师一节，又与家风相背。至医药，则合家大小老幼，几于无人不药，无药不贵。迨至补药吃出毛病，则服凉药攻伐之，阳药吃出毛病，则服阴药清润之，辗转差误，非大病大弱不止。弟今年春间多服补剂，夏末多服凉剂，冬间又多服清润之剂。余意欲劝弟少停药物，专用饮食调养。泽儿虽体弱，而保养之法，亦惟在慎饮食，节嗜欲，断不在多服药也。洪家地契，洪秋浦未到场押字，将来恐仍有口舌。地师、僧巫二者，弟向来不甚深信，近日亦不免为习俗所移。以后尚祈卓识坚定，略存祖父家风为要。天下信地、信僧之人，曾见有家不败者乎？北果公屋，余无银可捐，己亥冬余登山踏勘，觉其渺茫也。（咸丰十年十二月廿四日）

致四弟（宜不轻非笑人）

澄侯四弟左右：

弟言家中子弟无不谦者，此却未然。凡畏人不敢妄议论者，谦谨者也；凡好讥评人短者，骄傲者也。谚云："富家子弟多骄，贵家子弟多傲。"非必锦衣玉食、动手打人而后谓之骄傲也，但使志得意满，毫无畏忌，开口议人短长，即是极骄极傲耳。余正月初四日信中，言戒骄字，以不轻非笑人为第一义，望弟常常猛省，并戒子弟也。（咸丰十一年二月初四日）

致九弟季弟（宜注重清慎勤）

沅、季弟左右：

账棚即日赶办，大约五月可解六营，六月再解六营，使新勇略得却暑也。小抬枪之药，与大炮之药，此间并无分别，亦未制造两种药。以后定每月解药三万斤至弟处，当不致更有缺乏。王可升十四日回省，其老营十六可到。到即派往芜湖，免致南岸中段空虚。

雪琴与沅弟嫌隙已深，难遽期其水乳。沅弟所批雪信稿，有是处，亦有未当处。弟谓雪声色俱厉。凡目能见千里，而不能自见其睫，声音笑貌之拒人，每苦于不自见，苦于不自知。雪之厉，雪不自知；沅之声色，恐亦未始不厉，特不自知耳。曾记咸丰七年冬，余咎骆文、耆待我之薄，温甫则曰："兄之面色，每予人以难堪。"又记十一年春，树堂深咎张伴山简傲不敬，余则谓树堂面色亦拒人于千里之外。观此二者，则沅弟面色之厉，得毋似余与树堂之不自觉乎？

余家目下鼎盛之际，余忝窃将相，沅所统近二万人，季所统四五千人，近世似此者曾有几家？沅弟半年以来，七拜君恩，近世似弟者曾有几人？日中则昃，月盈则亏，吾家亦盈时矣。《管子》云："斗斛满则人概之，人满则天概之。"余谓天概之无形，仍假手于人以概之。霍氏盈满，魏相概之，宣帝概之；诸葛恪盈满，孙峻概之，吴主概之。待他人之来概而后悔之，则已晚矣。吾家方丰盈之际，不待天之来概，人之来概，吾与诸弟当设法先自概之。

自概之道云何，亦不外清、慎、勤三字而已。吾近将清字改为廉字，慎字改为谦字，勤字改为劳字，尤为明浅，确有可下手之处。沅弟昔年于银钱取与之际不甚斟酌，朋辈之讥议菲薄，其根实在于此。去冬之买犁头嘴、栗子山，余亦大不谓然。以后宜不妄取分毫，不寄银回家，不多赠亲族，此廉字工夫也。谦之存诸中者不可知，其著于外者，约有四端：曰面色，曰言语，曰书函，曰仆从属员。沅弟一次添招六千人，季弟并未禀明，径招三千人，此在他统领所断作不到者，在弟尚能集事，亦算顺手。而弟等每次来信，索取赈棚子药等件，常多讥讽之词，不平之语，在兄处书函如此，则与别处书函更可知已。沅弟之仆从随员颇有气焰，面色言语，与人酬接时，吾未及见，而申夫曾述及往年对渠之词气，至今余憾。以后宜于此四端痛加克治，此谦字工夫也。每日临睡之时，默数本日劳心者几件，劳力者几件，则知宜勤王事之处无多，更竭诚以图之，此劳字工夫也。

余以名位太隆，常恐祖宗留贻之福自我一人享尽，故将劳、谦、廉三字时时自惕，亦愿两贤弟之用以自惕，且即以自概耳。

湖州于初三日失守，可悯可儆。（同治元年五月初八日）

致九弟季弟（必须自立自强）

沅、季弟左右：

沅于人概天概之说，不甚措意，而言及势利之天下，强凌弱之天下。

此岂自今日始哉？盖从古已然矣。

从古帝王将相，无人不由自强自立作出，即为圣贤者，亦各有自立自强之道，故能独立不惧，确乎不拔。余往年在京，好与有大名大位者为仇，亦未始无挺然特立不畏强御之意。近来见得天地之道，刚柔互用，不用偏废，太柔则靡，太刚则折。刚非暴虐之谓也，强矫而已；柔非卑弱之谓也，谦退而已。趋急赴公，则当强矫，争名逐利，则当谦退；开创家业，则当强矫，守成安乐，则当谦退；出与人物应接，则当强矫，入与妻孥享受，则当谦退。若一面建功立业，外享大名，一面求田问舍，内图厚实，二者皆有盈满之象，全无谦退之意，则断不能久。此余所深信，而弟宜默默体验者也。（同治元年五月廿八日）

致九弟（望勿各逞己见）

沅弟左右：

此次洋枪合用，前次解去之百支，果合用否？如有不合之处，一一指出，盖前次以大价钱买来，若过于吃亏，不能不一一与之申说也。

吾因近日办事，名望关系不浅，以鄂中疑季之言相告，弟则谓我不应述及。外间指摘吾家昆弟过恶，吾有所闻，自当一一告弟，明责婉劝，有则改之，无则加勉，岂可秘而不宣？鄂之于季，自系有意与之为难。名望所在，是非于是乎出，赏罚于是乎分，即饷之有无，亦于是乎判。去冬金眉生被数人参劾，后至抄没其家，妻孥中夜露立，此岂有万分罪恶哉？亦因名望所在，赏罚随之也。众口悠悠，初不知其所自起，亦不知其所由止。有才者忿疑谤之无因，而悍然不顾，则谤且日腾；有德者畏疑谤之无因，而抑然自修，则谤亦日息。吾愿弟等之抑然，不愿弟等之悍然。愿弟等敬听吾言，手足式好，同御外侮，不愿弟等各逞己见于门内，计较其雌雄，反忘外患。

至阿兄忝窃高位，又窃虚名，时时有颠坠之虞。吾通阅古今人物，似此名位权势，能保全善终者极少。深恐吾全盛之时，不克庇荫弟等，吾颠坠之际，或致连累弟等，惟于无事时，常以危词苦语，互相劝诫，庶几免于大戾耳。（同治元年六月廿日）

致九弟季弟（治身宜不服药）

沅、季弟左右：

季弟病似疟疾，近已痊愈否？吾不以季弟病之易发为虑，而以季弟好轻下药为虑。吾在外日久，阅事日多，每劝人以不服药为上策。吴彤云近病极重，水米不进已十四日矣。十六夜四更，已将后事料理，手函托我，余一概应允，而始终劝其不服药。自初十日起，至今不服药十一天，昨夜竟大有转机，疟疾减去十之四，呃逆各症减去十之七八，大约保无他变。希庵五月之杪病势极重，余缄告之，云治心以"广大"二字为药，治身以"不药"二字为药，并言作梅医道不可恃。希乃断药月余，近日病已痊愈，咳嗽亦止。是二人者，皆不服药之明效大验。季弟信药太过，自信亦太深，故余所虑不在于病，而在于服药。兹谆谆以不服药为戒，望季曲从之，沅力劝之。至要至嘱。

季弟信中所商六条皆可允行。回家之期，不如待金陵克复乃去，庶几一劳永逸。如营中难耐久劳，或来安庆闲散十日八日，待火轮船之便，复还金陵本营，亦无不可。若能耐劳耐烦，则在营久熬更好，与弟之名曰贞、字曰恒者，尤相符合。其余各条皆办得到，弟可放心。

上海四万尚未到，到时当全解沅处。东征局于七月三万之外，又月专解金陵五万，到时亦当全解沅处。东局保案，自可照准，弟保案亦日内赶办。

雪琴今日来省，筱泉亦到。（同治元年七月廿日）

致九弟季弟（服药不可太多）

沅、季弟左右：

久不接来信，不知季病痊愈否？各营平安否？东征局专解沅饷五万，上海许解四万，至今尚未到皖。阅新闻纸，其中一条言何根云六月初七正法，读之悚惧惆怅。

余去岁腊尾买鹿茸一架，银百九十两，嫌其太贵，今年身体较好，未服补药，亦未吃丸药。兹将此茸送至金陵，沅弟配置后，与季弟分食之。

中秋凉后，或可渐服，但偶有伤风微恙，则不宜服。余阅历已久，觉有病时断不可吃药，无病时可偶服补剂调理，亦不可多。吴彤云大病二十日，竟以不药而愈，邓寅皆终身多病，未尝服药一次。季弟病时好服药，且好易方，沅弟服补剂，失之太多，故余切戒之，望弟牢记之。

弟营起极早，饭后始天明，甚为喜慰。吾辈仰法家训，惟早起、务农、疏医、远巫四者尤为切要。（同治元年七月廿五日）

致四弟（必须好好静养）

澄弟左右：

沅、霆两军病疫，迄未稍愈。宁国各属军民死亡相继，道殣相望，河中积尸生虫，往往缘船而上，河水及井水皆不可食。其有力者，用舟载水于数百里之外。秽气触人，十病八九。诚宇宙之大劫，军行之奇苦也。

洪容海投诚后，其党黄、朱等目复叛，广德州既得复失，金柱关常有贼窥伺，近闻增至三四万人，深可危虑。余心所悬念者，惟此二处。

余体气平安，惟不能多说话，稍多则气竭神乏，公事积搁，恐不免于贻误。弟体亦不甚旺，总宜好好静养。莫买田园，莫管公事。吾所嘱者，二语而已。盛时常作衰时想，上场当念下场时，富贵人家，不可不牢记此二语也。（同治元年闰八月初四日）

致四弟（见本县父母官宜以谦谨为主）

澄弟左右：

沅弟金陵一军危险异常，伪忠王率悍贼十余万昼夜猛扑，洋枪极多，又有西洋之落地开花炮，幸沅弟小心坚守，应可保全无虞。鲍春霆至芜湖养病，宋国永代统宁国一军，分六营出剿，小挫一次，春霆力疾回营，凯章全军亦赶至宁国守城。虽病者极多，而鲍、张合力，此路或可保全。又闻贼于东坝抬船至宁郡诸湖之内，将图冲出大江，不知杨、彭能知之否。若水师安稳，则全局不至决裂耳。

来信言余于沅弟既爱其才，宜略其小节，甚是甚是。沅弟之才，不特吾族所少，即当世亦不多见。然为兄者，总宜奖其所长，而兼规其短。若明知其错，而一概不说，则又非特沅一人之错，而一家之错也。

吾家于本县父母官，不必力赞其贤，不可力诋其非，与之相处，宜在若远若近、不亲不疏之间。渠有庆吊，吾家必到；渠有公事，须绅士助力者，吾家不出头，亦不躲避。渠于前后任之交代，上司衙门之请托，则吾家丝毫不可与闻。弟既如此，并告子侄辈常常如此。子侄若与官相见，总以"谦谨"二字为主。（同治元年九月初四日）

致九弟（述治事宜勤劳）

沅弟左右：

弟读邵子诗，领得恬淡冲融之趣，此是襟怀长进处。自古圣贤豪杰，文人才士，其志事不同，而其豁达光明之胸大略相同。以诗言之，必先有豁达光明之识，而后有恬淡冲融之趣。如李白、韩退之、杜牧之则豁达处多，陶渊明、孟浩然、白香山则冲淡处多。杜、苏二公无美不备，而杜之五律最冲淡，苏之七古最豁达。邵尧夫虽非诗之正宗，而豁达、冲淡二者兼全。吾好读《庄子》，以其豁达足益人胸襟也。去年所讲生而美者，若知之，若不知之，若闻之，若不闻之一段，最为豁达。推之即舜、禹之有天下而不与，亦同此襟怀也。

吾辈现办军务，系处功利场中，宜刻刻勤劳，如农之力穑，如贾之趋利，如篙工之上滩，早作夜思，以求有济。而治事之外，此中却须有一段豁达冲融气象。二者并进，则勤劳而以恬淡出之，最有意味。余所以令刻"劳谦君子"印章与弟者，此也。

少荃已克复太仓州，若再克昆山，则苏州可图矣。吾但能保沿江最要之城隘，则大局必日振也。（同治二年三月廿四日）

致九弟（著力积劳二字）

沅弟左右：

接初四、初六日两次来信，知初五夜地道轰陷贼城十余丈，被该

逆抢堵，我军伤亡三百余人，此盖意中之事。城内多百战之寇，阅历极多，岂有不能抢堵缺口之理？苏州先复，金陵尚遥遥无期，弟切不必焦急。

古来大战争、大事业，人谋仅占十分之三，天意恒居十分之七。往往积劳之人非即成名之人，成名之人非即享福之人，此次军务，如克复武汉、九江、安庆，积劳者即是成名之人，在天意已算十分公道，然而不可恃也。吾兄弟但在"积劳"二字上着力，"成名"二字则不必问及，"享福"二字则更不必问矣。

厚庵坚请回籍养亲侍疾，只得允准，已于今日代奏。

苗逆于二十六夜擒斩，其党悉行投诚。凡寿州、正阳、颍上、下蔡等城一律收复，长、淮指日肃清，真堪庆幸。

弟近日身体健否？吾所嘱者二端：一曰天怀淡定，莫求速效；二曰谨防援贼城贼内外猛扑，稳慎御之。（同治二年十一月十二日）

致九弟（万望毋恼毋怒）

沅弟左右：

适闻常州克复、丹阳克复之信，正深欣慰，而弟信中有云肝病已深，痼疾已成，逢人辄怒，遇事辄忧等语，读之不胜焦虑。今年以来，苏浙克城甚多，独金陵迟迟尚无把握，又饷项奇绌，不如意之事机、不入耳之言语纷纷迭乘。余尚愠郁成疾，况弟之劳苦过甚，百倍阿兄，心血久亏，数倍于阿兄乎？余自春来，常恐弟发肝病，而弟信每含糊言之，此四句乃露实情。此病非药饵所能为力，必须将万事看空，毋恼毋怒，乃可渐渐减轻。蝮蛇螫手，则壮士断其手，所以全生也。吾兄弟欲全其生，亦当视恼怒如蝮蛇，去之不可不勇。至嘱至嘱。

余年来愧对老弟之事，惟调拨程学启一名将，有损于阿弟。然有损于家，有益于国，弟不必过郁，兄亦不必过悔。顷见少荃为程学启请恤一疏，立言公允，兹特寄弟一阅。李世忠事，十二日奏结，又饷绌情形一片，即为将来兄弟引退之张本。余病假于四月廿五日满期，余意再请续假。幕友皆劝销假，弟意以为何如？淮北票盐、课厘两项，每岁共得八十万串，拟概供弟一军。此亦巨款，而弟尚嫌其无几，余于咸丰四、五、

六、七、八、九等年从无一年收过八十万者，再筹此等巨款，万不可得矣。（同治三年四月十三日）

致九弟（腹疼先贵扶脾）

沅弟左右：

　　厚庵到皖，坚辞督办一席。渠之赴江西与否，余不能代为主持。至于具摺，则必须渠亲自陈奏，余断不能代辞。厚帅现拟在此办摺，拜疏后仍回金陵水营。春霆、昌岐闻亦日内可到。春霆回籍之事，却不能不代为奏恳也。弟病今日少愈否？肝病余所深知，腹疼则不知何症。屡观朗山脉案，以扶脾为主，不求速效，余深以为然。然心肝两家之病，究以自养自医为主，非药物所能为力。今日偶过裱画店，见弟所写对联，光彩焕发，精力似甚完足。若能认真调养，不过焦灼，必可渐渐复元。（同治三年五月初十日）

致九弟（郁怒最易伤人）

沅弟左右：

　　内疾外症果愈几分？凡郁怒最易伤人。余有错处，弟尽可一直说。人之忌我者，惟愿弟作错事，惟愿弟之不恭。人之忌弟者，惟愿兄作错事，惟愿兄之不友。弟看破此等物情，则知世路之艰险，而心愈抑畏，气反平和矣。（同治三年五月廿三日）

致四弟（述养身有五事）

澄弟左右：

　　乡间谷价日贱，禾豆畅茂，尤是升平景象，极慰极慰。

　　贼自三月下旬退出曹、郓之境，幸保山东运河以东各属，而仍蹂躏及曹、宋、徐、泗、凤、淮诸府，彼剿此窜，倏忽来往。直至五月下旬，

张、牛各股始窜至周家口以西,任、赖各股始窜至太和以西,大约夏秋数月,山东、江苏可以高枕无忧,河南、皖、鄂又必手忙脚乱。余拟于数日内至宿迁、桃源一带察看堤墙,即由水路上临淮而至周家口。盛暑而坐小船,是一极苦之事,因陆路多被水淹,雇车又甚不易,不得不改由水程。余老境日逼,勉强支持一年半载,实不能久当大任矣。因思吾兄弟体气皆不甚健,后辈子侄尤多虚弱,宜于平日讲求养生之法,不可于临时乱投药剂。

养生之法,约有五事:一曰眠食有恒,二曰惩忿,三曰节欲,四曰每夜临睡洗脚,五曰每日两饭后各行三千步。惩忿,即余篇中所谓养生以少恼怒为本也。眠食有恒及洗脚二事,星冈公行之四十年,余亦学行七年矣。饭后三千步近日试行,自矢永不间断。弟从前劳苦太久,年近五十,愿将此五事立志行之,并劝沅弟与诸子侄行之。

余与沅弟同时封爵开府,门庭可谓极盛,然非可常恃之道。记得己亥正月,星冈公训竹亭公曰:"宽一虽点翰林,我家仍靠作田为业,不可靠他吃饭。"此语最有道理,今亦当守此二语为命脉。望吾弟专在作田上用工,辅之以书、蔬、鱼、猪、早、扫、考、宝八字,任凭家中如何贵盛,切莫全改道光初年之规模。凡家道所以可久者,不恃一时之官爵,而恃长远之家规;不恃一二人之骤发,而恃大众之维持。我若有福罢官回家,当与弟竭力维持。老亲旧眷、贫贱族党不可忽慢,待贫者亦与富者一般,当盛时预作衰时之想,自有深固之基矣。(同治五年六月初五日)

致九弟(宜自修处求强)

沅弟左右:

接弟信,具悉一切。

弟谓命运作主,余所深信;谓自强者每胜一筹,则余不甚深信。凡国之强,必须多得贤臣;凡家之强,必须多出贤子弟。此亦关乎天命,不尽由于人谋。至一身之强,则不外乎北宫黝、孟施舍、曾子三种。孟子之集义而慊,即曾子之自反而缩也。惟曾、孟与孔子告仲由之强,略为可久可常。此外斗智斗力之强,则有因强而大兴,亦有因强而大败。古来如李斯、曹操、董卓、杨素,其智力皆横绝一世,而其祸败亦迥异寻常。近世如陆、何、萧、陈皆予知自雄，而俱不保其终。故吾辈在自修处求强则可，在胜人处求强则不可。若专在胜人处求强，其能强到底与否，尚未可知。即使终身强横安稳，亦君子所不屑道也。

贼匪此次东窜，东军小胜二次，大胜一次，刘、潘大胜一次，小胜数次，似已大受惩创，不似上半年之猖獗。但求不窜陕、洛，即窜鄂境，或可收夹击之效。余定于明日请续假一月，十月请开各缺，仍留军营，刻一木戳，会办中路剿匪事宜而已。（同治五年九月十二日）

致九弟（得力惟一悔字）

沅弟左右：

鄂署五福堂有回禄之灾，幸人口无恙，上房无恙，受惊已不小矣。其屋系板壁纸糊，本易招火。凡遇此等事，只可说打杂人役失火，固不可疑会匪之毒谋，尤不可怪仇家之奸细。若大惊小怪，胡想乱猜，生出多少枝叶，仇家转得传播以为快。惟有处处泰然，行所无事。申甫所谓"好汉打脱牙和血吞"，星冈公所谓"有福之人善退财"，真处逆境者之良法也。

弟求兄随时训示申儆。兄自问近年得力惟有一悔字诀。兄昔年自负本领甚大，可屈可伸，可行可藏，又每见得人家不是。自从丁巳、戊午大悔大悟之后，乃知自己全无本领，凡事都见得人家有几分是处。故自戊午至今九载，与四十岁以前迥不相同，大约以能立能达为体，以不怨不尤为用。立者，发奋自强，站得住也；达者，办事圆融，行得通也。吾九年以来，痛戒无恒之弊。看书写字，从未间断，选将练兵，亦常留心。此皆自强能立工夫。奏疏公牍，再三斟酌，无一过当之语，自夸之词。此皆圆融能达工夫。至于怨天本有所不敢，尤人则尚不能免，亦皆随时强制而克去之。弟若欲自儆惕，似可学阿兄丁戊二年之悔，然后痛下针砭，必有大进。

"立达"二字，吾于己未年曾写于弟之手卷中，弟亦刻刻思自立自强，但于能达处尚欠体验，于不怨尤处尚难强制。吾信中言皆随时指点，劝弟强制也。赵广汉本汉之贤臣，因星变而劾魏相，后乃身当其灾，可为殷鉴。默存一悔字，无事不可挽回也。（同治六年正月初三日）

致九弟（必须逆来顺受）

沅弟左右：

接李少帅信，知春霆因弟复奏之片，言复三系与任逆接仗，霆军系与赖逆交锋，大为不平，自奏伤疾举发，请开缺调理。又以书告少帅，谓弟自占地步。弟当此百端拂逆之时，又添此至交龃龉之事，想心绪益觉难堪。然事已如此，亦只有逆来顺受之法，仍不外悔字诀、硬字诀而已。

朱子尝言：悔字如春，万物蕴蓄初发；吉字如夏，万物茂盛已极；吝字如秋，万物始落；凶字如冬，万物枯凋。又尝以元字配春，亨字配夏，利字配秋，贞字配冬。兄意贞字即硬字诀也。弟当此艰危之际，若能以硬字法冬藏之德，以悔字启春生之机，庶几可挽回一二乎？

闻左帅近日亦极谦慎，在汉口气象何如？弟曾闻其大略否？申甫阅历极深，若遇危难之际，与之深谈，渠尚能于恶风骇浪之中默识把柁之道，在司道中不可多得也。（同治六年三月初二日）

劝 学 类

禀父母（九弟习字长进）

男国藩跪禀父母亲大人万福金安：

九弟之病，自正月十六日后，日见强旺。二月一日开荤，现全复元矣。二月以来，日日习字，时有长进。男亦常习小楷，以为明年考差之具。近来改临智永《千字文》帖，不复临颜、柳二字帖，以不合时宜故也。孙男身体甚好，每日佻达欢呼，曾无歇息。孙女亦好。

浙江之事，闻于正月底交战，仍尔不胜。去岁所失宁波府城、定海、镇海二县城尚未收复。英夷滋扰以来，皆汉奸助之为虐。此辈食毛践土，丧尽天良，不知何日罪恶贯盈，始得聚而歼灭！湖北崇阳县逆贼钟人杰为乱，攻占崇阳、通城二县。裕制军即日扑灭，将钟人杰及逆党槛送京师正法，余孽俱已搜尽。钟逆倡乱不及一月，党羽姻属，皆伏天诛。黄河去年决口，昨已合龙，大功告成矣。

九弟前病中思归，近因难觅好伴，且闻道上有虞，是以不复作归计。弟自病好后，亦安心不甚思家。李碧峰在寓住三月，现已找得馆地，在唐同年李杜家教书，每月俸金二两，月费一千。男于二月初配丸药一料，重三斤，约计费钱六千文。

男等在京谨慎，望父母亲大人放心。男谨禀。（道光二十二年二月二十四日）

禀父母（教弟写字养神）

男国藩跪禀父母亲大人万福金安：

三月初奉大人正月十二日手谕，具悉一切。又知附有布匹、腊肉等在黄莘卿处，第不知黄氏兄弟何日进京，又不知家中系专人送至省城，抑托人顺带也？

男在京身体如常，男妇亦清吉。九弟体已复元，前二月间，因其初愈，每日只令写字养神；三月以来，仍理旧业，依去年功课，未服补剂。男分丸药六两与他吃，因年少不敢峻补。

孙男女皆好，拟于三月间点牛痘。此间牛痘局系广东京官请名医设局积德，不索一钱，万无一失。

男近来每日习字，不多看书。同年邀为试帖诗课，十日内作诗五首，用白摺写好公评，以为明年考差之具。又吴子序同年有两弟在男处附课看文。又金台书院每月月课，男亦代人作文。因久荒制艺，不得不略为温习。

此刻光景已窘，幸每月可收公项房钱十五千外，些微挪借，即可过度。京城银钱比外间究为活动。家中去年澈底澄清，余债无多，此真可喜。蕙妹仅存钱四百千，以二百在新窑食租，不知住何人屋？负薪汲水，又靠何人？率五又文弱，何能习劳！后有家信，望将蕙妹家事琐细详书。余容后吾。男谨禀。（道光二十二年三月十一日）

禀父母（两弟业患不精）

男国藩跪禀父母亲大人万福金安：

六月廿八日接到家书，系三月廿四日所发。知十九日四弟得生子，男等合室相庆。四妹生产虽难，然血晕亦是常事，且此次既能保全，则下次较为容易。男未得信时，常以为虑；既得此信，如释重负。

六月底，我县有人来京捐官，言四月县考时，渠在城内，并在彭兴岐、丁信风两处面晤四弟、六弟，知案首是吴定五。男十三年前，在陈氏宗祠读书，定五才发蒙作起讲，在杨畏斋处受业。来年闻吴春岗说定五甚为发奋，今果得志，可谓成就甚速。其余前十名及每场题目，渠已忘记。后有信来，乞四弟写出。

四弟、六弟考运不好，不必挂怀。俗语云："不怕讲得迟，只要中得快。"从前邵丹畦前辈，四十三岁入学，五十二岁作学政，现任广西藩台。汪朗渠于道光十二年入学，十三年点状元。（阮芸台前辈于乾隆五十三年县、府试头场皆未取，即于是年入学、中举，）五十四年点翰林，五十五年留馆，五十六年大考第一，比放浙江学政，五十九年升浙江巡抚。些小得失不足患，特患业之不精耳。两弟场中文若得意，可将原卷领出寄京；若不得意，不寄可也。

男辈在京平安。纪泽兄妹二人体甚结实，皮色亦黑。

逆夷在江苏滋扰，于六月十一日攻陷镇江，有大船数十只在大江游弋。江宁、扬州二府颇可危虑。然而天不降灾，圣人在上，故京师人心镇定。

同乡王翰城告假出京。男与陈岱去亦拟送家眷南旋，与郑莘田、王翰城四家同队出京。男与陈家本于六月底定计，后于七月初一请人扶乩，似可不必轻举妄动，是以中止。现在男与陈家仍不送家眷回南也。

正月间俞岱青先生出京，男寄有鹿脯一方，托找彭山屺转寄。俞后托谢吉人转寄，不知到否？又四月托李昺透冈寄银寄笔，托曹西垣寄参，并交陈季牧处，不知到否？前父亲教男养须之法，男仅留上唇须，不能用水浸透，色黄者多，黑者少。下唇拟待三十六岁始留。

男屡接家信，嫌其不详，嗣后更愿详示。男谨禀。（道光二十二年六月初十日）

致诸弟（述求学之方法）

四位老弟足下：

九弟行程，计此时可以到家。自任邱发信之后，至今未接到第二封信，不胜悬悬。不知道上有甚艰险否？四弟、六弟院试，计此时应有信，

而摺差久不见来,实深悬望。

予身体较九弟在京时一样,总以耳鸣为苦。问之矣竹如,云只有静养一法,非药物所能为力。而应酬日繁,予又素性浮躁,何能着实静养?拟搬进内城住,可省一半无谓之往还,现在尚未找得。予时时自悔,终未能洗涤自新。

九弟归去之后,予定刚日读经,柔日读史之法。读经常懒散不沉着。读《后汉书》,现已丹笔点过八本;虽全不记忆,而较之去年读《前汉书》,领会较深。

吴竹如近日往来极密,来则作竟日之谈,所言皆身心国家大道理。渠言有窦兰泉者,云南人,见道极精当平实。窦亦深知予者,彼此现尚未拜往。竹如必要予搬进城住,盖城内镜海先生可以师事,倭艮峰先生、窦兰泉可以友事。师友夹持,虽懦夫亦有立志。予思朱子言为学譬如熬肉,先须用猛火煮,然后用漫火温,予生平工夫全未用猛火煮过,虽略有见识,乃是从悟境得来。偶用工,亦不过优游玩索已耳。如未沸之汤,遽用漫火温之,将愈煮愈不熟矣。以是急思搬进城内,摒除一切,从事于克己之学。镜海、艮峰两先生亦劝我急搬。而城外朋友,予亦有思常见者数人,如邵蕙西、吴子序、何子贞、陈岱云是也。

蕙西尝言:"'与周公瑾交,如饮醇醪',我两人颇有此风味。"故每见辄长谈不舍。子序之为人,予至今不能定其品。然识见最大且精,尝教我云:"用功譬若掘井,与其多掘数井而皆不及泉,何若老守一井,力求及泉而用之不竭乎?"此语正与予病相合。盖予所谓掘并多而皆不及泉者也。

何子贞与予讲字极相合,谓我"真知大源,断不可暴弃"。予尝谓天下万事万理皆出于乾坤二卦。即以作字论之:纯以神行,大气鼓荡,脉络周通,潜心内转,此乾道也;结构精巧,向背有法,修短合度,此坤道也。凡乾以神气言,凡坤以形质言。礼乐不可斯须去身,即此道也。乐本于乾,礼本于坤。作字而优游自得真力弥满者,即乐之意也;丝丝入扣转折合法者,即礼之意也。偶与子贞言及此,子贞深以为然,谓渠生平得力,尽于此矣。陈岱云与吾处处痛痒相关,此九弟所知者也。

写至此,接得家书。知四弟、六弟未得入学,怅怅然。科名有无迟早,总有前定,丝毫不能勉强。吾辈读书,只有两事:一者进德之事,讲求乎诚正修齐之道，以图无忝所生；一者修业之事，操习乎记诵词章之术，以图自卫其身。进德之事难于尽言，至于修业以卫身，吾请言之：

卫身莫大如谋食。农工商劳力以求食者也，士劳心以求食者也。故或食禄于朝，教授于乡，或为传食之客，或为入幕之宾，皆须计其所业，足以得食而无愧。科名者，食禄之阶也，亦须计吾所业，将来不至尸位素餐，而后得科名而无愧。食之得不得，穷通由天作主，予夺由人作主；业之精不精，则由我作主。然吾未见业果精，而终不得食者也。农果力耕，虽有饥馑，必有丰年；商果积货，虽有壅滞，必有通时；士果能精其业，安见其终不得科名哉？即终不得科名，又岂无他途可以求食者哉？然则特患业之不精耳。

求业之精，别无他法，曰专而已矣。谚曰："艺多不养身。"谓不专也。吾掘井多而无泉可饮，不专之咎也。诸弟总须力图专业。如九弟志在习字，亦不必尽废他业，但每日习字工夫，断不可不提起精神，随时随事，皆可触悟。四弟、六弟，吾不知其心有专嗜否？若志在穷经，则须专守一经；志在作制义，则须专看一家文稿；志在作古文，则须专看一家文集。作各体诗亦然，作试帖亦然，万不可以兼营并骛，兼营则必一无所能矣。切嘱切嘱，千万千万。此后写信来，诸弟各有专守之业，务须写明。且须详问极言，长篇累牍。使我读其手书，即可知其志向识见。凡专一业之人，必有心得；亦必有疑义。诸弟有心得，可以告我共赏之；有疑义，可以告我共析之。且书信既详，则四千里外之兄弟不啻晤言一室，乐何如乎！

予生平于伦常中，惟兄弟一伦抱愧尤深。盖父亲以其所知者尽以教我，而吾不能以吾所知者尽教诸弟，是不孝之大者也。九弟在京年余，进益无多，每一念及，无地自容。嗣后我写诸弟信，总用此格纸，弟宜存留，每年装订成册。其中好处，万不可忽略看过。诸弟写信寄我，亦须用一色格纸，以便装订。兄国藩手具。（道光二十二年九月十八日）

致诸弟（勉励立志有恒）

诸位贤弟足下：

十一月前八日已将日课钞于弟阅，嗣后每次家书，可钞三页付回。日

课本皆楷书,一笔不苟,惜钞回不能作楷书耳。冯树堂进功最猛,余亦教之如弟,知无不言。可惜九弟不能在京,与树堂日日切磋,余无日无刻不太息也。九弟在京年半,余懒散不努力。九弟去后,余乃稍能立志,盖余实负九弟矣。余尝语岱云曰:"余欲尽孝道,更无他事,我能教诸弟进德业一分,则我之孝有一分;能教诸弟进十分,则我之孝有十分;若全不能教弟成名,则我大不孝矣。"九弟之无所进,是我之大不孝也。惟愿诸弟发奋立志,念念有恒,以补我不孝之罪。幸甚幸甚。

岱云与易五近亦有日课册,惜其识不甚超越。余虽日日与之谈论,渠究不能悉心领会,颇疑我言太夸。然岱云近极勤奋,将来必有所成。

何子敬近待我甚好,常彼此作诗唱和。盖因其兄钦佩我诗,且谈字最相合,故子敬亦改容加礼。子贞现临隶字,每日临七八叶,今年已千叶矣。近又考订《汉书》之讹,每日手不释卷。盖子贞之学,长于五事:一曰《仪礼》精,二曰《汉书》熟,三曰《说文》精,四曰各体诗好,五曰字好。此五事者,渠意皆欲有所传于后世。以余观之,此三者余不甚精,不知浅深究竟何如。若字,则必传千古无疑矣。诗亦远出时手之上,必能卓然成家。近日京城诗家颇少,故余亦欲多作几首。

金竺虔在小珊家住,颇有面善心非之隙。唐诗甫亦与小珊有隙。余现仍与小珊来往,泯然无嫌,但心中不甚惬洽耳。黄子寿处,本日去看他,工夫甚长进,古文有才华,好买书,东翻西阅,涉猎颇多,心中已有许多古董。何世兄亦甚好,沉潜之至,天分不高,将来必有所成。吴竹如近日未出城,余亦未去,盖每见则耽搁一天也。其世兄亦极沉潜,言动中礼,现在亦学倭艮峰先生。吾观何、吴两世兄之姿质,与诸弟相等,远不及周受珊、黄子寿。而将来成就,何、吴必更切实。此其故,诸弟能看书自知之。愿诸弟勉之而已。此数子者,皆后起不凡之才人也,安得诸弟与之联镳并驾,则余之大幸也。

季仙九先生到京服阕,待我甚好,有青眼相看之意。同年会课,近皆懒散,而十日一会如故。

余今年过年,尚须借银百五十金,以五十还杜家,以百金用。李石梧到京,交出长郡馆公费,即在公项借用,免出外开口更好。不然,则尚须张罗也。

门上陈升一言不合而去，故余作傲奴诗。现换一周升作门上，颇好。余读《易·旅卦》"丧其童仆"。象曰："以旅与下，其义丧也。"解之者曰："以旅与下者，谓视童仆如旅人，刻薄寡恩，漠然无情，则童仆亦将视主上如逆旅矣。"余待下虽不刻薄，而颇有视如逆旅之意，故人不尽忠。以后余当视之如家人手足也，分虽严明而情贵周通。贤弟待人，亦宜知之。

余每闻摺差到，辄望家信。不知能设法多寄几次否？若寄信，则诸弟必须详写日记数天，幸甚。余写信，亦不必代诸弟多立课程，盖恐多看则生厌，故但将余近日实在光景写示而已，伏维诸弟细察。（道光二十二年十一月十七日）

致诸弟（勉励自立课程）

诸位贤弟足下：

九弟到家，遍走各亲戚家，必各有一番景况，何不详以告我？

四妹小产，以后生育颇难，然此事最大，断不可以人力勉强。劝渠家只须听其自然，不可过于矜持。又闻四妹起最晏，往往其姑反服事他。此反常之事，最足折福。天下未有不孝之妇而可得好处者，诸弟必须时劝导之，晓之以大义。

诸弟在家读书，不审每日如何用功？余自十月初一日立志自新以来，虽懒惰如故，而每日楷书写日记，每日读史十叶，每日记茶余偶谈一则，此三事未尝一日间断。十月廿一日立誓永戒吃水烟，泊今已两月不吃烟，已习惯成自然矣。予自立课程甚多，惟记茶余偶谈、读史十叶、写日记楷本，此三事者誓终身不间断也。诸弟每人自立课程，必须有日日不断之功，虽行船走路，须带在身边。予除此三事外，他课程不必能有成；而此三事者，将终身行之。

前立志作曾氏家训一部，曾与九弟详细道及。后因采择经史，若非经史烂熟胸中，则割裂零碎，毫无线索；至于采择诸子各家之言，尤为浩繁，虽钞数百卷犹不能尽收。然后知古人作《大学衍义》《衍义补》诸书，

乃胸中自有条例自有议论，而随便引书以证明之，非翻书而遍钞之也。然后知著书之难，故暂且不作曾氏家训。若将来胸中道理愈多，议论愈贯串，仍当为之。

现在朋友愈多。讲躬行心得者，则有镜海先生、艮峰前辈、吴竹如、窦兰泉、冯树堂；穷经知道者，则有吴子序、邵蕙西；讲诗、文、字而艺通于道者，则有何子贞；才气奔放，则有汤海秋；英气逼人，志大神静，则有黄子寿。又有王少鹤，名锡振，广西主事，年念七岁，张筱甫之妹夫；朱廉甫，名琦，广西乙未翰林；吴莘畬，名尚志，广东人，吴抚台之世兄；庞作人，名文寿，浙江人，此四君者，皆闻予名而先来拜。虽所造有浅深，要皆有志之士，不甘居于庸碌者也。京师为人文渊薮，不求则无之，愈求则愈出。近来闻好友甚多，予不欲先去拜别人，恐徒标榜虚声。盖求友以匡己之不逮，此大益也；标榜以盗虚名，是大损也。天下有益之事，即有足损者寓乎其中，不可不辨。黄子寿近作《选将论》一篇，共六千余字，真奇才也。黄子寿戊戌年始作破题，震而惊之，予不愿诸弟学他，但愿诸弟学吴世兄、何世兄。吴竹如之世兄现亦学艮峰先生写日记；言有矩，动有法，其静气实实可爱。何子贞之世兄，每日自朝至夕总是温书。三百六十日，除作诗文时，无一刻不温书，真可谓有恒者矣。故予从前限功课教人读书，第一要有志，第二要有识，第三要有恒。有志则断不敢为下流；有识则知学问无尽，不敢以一得自足，如河伯之观海，如井蛙之窥天，皆无识者也；有恒则断无不成之事。此三者缺一不可。诸弟此时，惟有识不可以骤几，至于有志有恒，则诸弟勉之而已。予身体甚弱，不能苦思，苦思则头晕，不耐久坐，久坐则倦乏，时时属望，惟诸弟而已。

明年正月恭逢祖父大人七十大寿，京城以进十为正庆。予本拟在戏园设寿筵，窦兰泉及艮峰先生劝止之，故不复张筵。盖京城张筵唱戏，名曰庆寿，实则打把戏。兰泉之劝止，正以此故。现作寿屏两架，一架淳化笺四大幅，系何子贞撰文并书，字有茶碗口大；一架冷金笺八小幅，系吴子序撰文，予自书。淳化笺系内府用纸，纸厚如钱，光彩耀目，寻常琉璃厂无有也。昨日偶有之，因买四张。子贞字甚古雅，惜太大，万不能寄回，奈何奈何！

书不能尽言，惟诸弟鉴察。兄国藩手草。(道光二十二年十二月二十日)

附课程表：

（1）主敬：整齐严肃，无时不惧。无事时心在腔子里，应事时专一不杂。

（2）静坐：每日不拘何时，静坐一会，体验静极生阳来复之仁心。正位凝命，如鼎之镇。

（3）早起：黎明即起，醒后勿沾恋。

（4）读书不二：一书未点完，断不看他书，东翻西阅，都是徇外为人。

（5）读史：二十三史每日读十叶，虽有事不间断。

（6）写日记：须端楷。凡日间过恶，身过、心过、口过，皆记出，终身不间断。

（7）日知其所亡：每日记茶余偶谈一则，分德行门、学问门、经济门、艺术门。

（8）月无忘所能：每月作诗文数首，以验积理之多寡，养气之盛否。

（9）谨言：刻刻留心。

（10）养气：无不可对人言之事，气藏丹田。

（11）保身：谨遵大人手谕：节欲、节劳、节饮食。

（12）作字：早饭后作字。凡笔墨应酬，当作自己功课。

（13）不出门：旷功疲神，切戒切戒。

致诸弟（讲读经史方法）

诸位老弟足下：

正月十五日接到四弟、六弟、九弟十二月初五日所发家信。四弟之信三叶，语语平实，责我待人不恕，甚为切当。尝谓月月书信，徒以空言责弟辈，却又不能实有好消息，令堂上闻兄之言，疑弟辈粗俗庸碌，使弟辈无地可容云云，此数语，兄读之不觉汗下。

我去年曾与九弟闲谈云：为人子者，若使父母见得我好些，谓诸兄弟

俱不及我,这便是不孝;若使族党称道我好些,谓诸兄弟俱不如我,这便是不弟。何也?盖使父母心中有贤愚之分,使族党口中有贤愚之分,则必其平日有讨好底意思,暗用机计,使自己得好名声,而使兄弟得坏名声,必其后日之嫌隙由此而生也。刘大爷、刘三爷兄弟皆想作好人,卒至视如仇雠。因刘三爷得好名声于父母族党之间,而刘大爷得坏名声故也。今四弟之所责我者,正是此道理,我所以读之汗下。但愿兄弟五人,各各明白这道理,彼此互相原谅。兄以弟得坏名为忧,弟以兄得好名为快。兄不能尽道使弟得令名,是兄之罪;弟不能尽道使兄得令名,是弟之罪。若各各如此存心,则亿万年无纤芥之嫌矣。

衡阳风俗,只有冬学要紧,自五月以后,师弟皆奉行故事而已。同学之人,类皆庸鄙无志者,又最好讪笑人,其笑法不一,总之不离乎轻薄而已。四弟若到衡阳去,必以翰林之弟相笑。薄俗可恶。乡间无朋友,实是第一恨事。不惟无益,且大有损。习俗染人,所谓与鲍鱼处,亦与之俱化也。兄尝与九弟道及,谓衡阳不可以读书,涟滨不可以读书,为损友太多故也。今四弟意必从觉庵师游,则千万听兄嘱咐,但取明师之益,无受损友之损也。

接到此信,立即率厚二到觉庵师处受业。其束修,今年谨具钱十挂。兄于八月准付回,不至累及家中。非不欲从丰,实不能耳。兄所最虑者,同学之人无志嬉游,端节以后放散不事事,恐弟与厚二效尤耳。切戒切戒。凡从师必久而后可以获益。四弟与季弟今年从觉庵师,若地方相安,则明年仍可从游;若一年换一处,是即无恒者,见异思迁也,欲求长进难矣。

六弟之信,乃一篇绝妙古文。排𥱷似昌黎,拗很似半山。予论古文,总须有倔强不驯之气,愈拗愈深之意。故于太史公外,独取昌黎、半山两家。论诗亦取傲兀不群者,论字亦然。每蓄此意,而不轻谈。近得何子贞意见极相合,偶谈一二句,两人相视而笑。不知六弟乃生成有此一枝妙笔。往时见弟文,亦无大奇特者,今观此信,然后知吾弟真不羁才也。欢喜无极,欢喜无极!凡兄所有志而力不能为者,吾弟皆可为之矣。

信中言兄与诸君子讲学,恐其渐成朋党。所见甚是。然弟尽可放心。兄最怕标榜,常存暗然尚䌹之意,断不至有所谓门户自表者也。信中言四弟浮躁不虚心，亦切中四弟之病。四弟当视为良友药石之言。

信中又言弟之牢骚，非小人之热中，乃志士之惜阴。读至此，不胜悯然，恨不得生两翅忽飞到家，将老弟劝慰一番，纵谈数日乃快。然向使诸弟已入学，则谣言必谓学院作情。众口铄金，何从辨起！所谓塞翁失马，安知非福。科名迟早，实有前定，虽惜阴念切，正不必以虚名萦怀耳。

来信言看《礼记疏》一本半，浩浩茫茫，苦无所得，今已尽弃，不敢复阅，现读《朱子纲目》，日十余叶云云。说到此处，兄不胜悔恨。恨早岁不曾用功，如今虽欲教弟，譬盲者而欲导人之大途也，求其不误难矣。然兄最好苦思，又得诸益友相质证，于读书之道，有必不可易者数端：

穷经必专一经，不可泛骛。读经以研寻义理为本，考据名物为末。读经有一耐字诀。一句不通，不看下句；今日不通，明日再读；今年不精，明年再读。此所谓耐也。读史之法，莫妙于设身处地。每看一处，如我便与当时之人酬酢笑语于其间。不必人人皆能记也，但记一人，则恍如接其人；不必事事皆能记也，但记一事，则恍如亲其事。经以穷理，史以考事。舍此二者，更别无学矣。

盖自西汉以至于今，识字之儒约有三途：曰义理之学，曰考据之学，曰词章之学。各执一途，互相诋毁。兄之私意，以为义理之学最大。义理明则躬行有要而经济有本。词章之学，亦所以发挥义理者也。考据之学，吾无取焉矣。此三途者，皆从事经史，各有门径。吾以为欲读经史，但当研究义理，则心一而不纷。是故经则专守一经，史则专熟一代，读经史则专主义理。此皆守约之道，确乎不可易者也。

若夫经史而外，诸子百家，汗牛充栋。或欲阅之，但当读一人之专集，不当东翻西阅。如读昌黎集，则目之所见，耳之所闻，无非昌黎。以为天地间除昌黎集而外，更无别书也。此一集未读完，断断不换他集，亦专字诀也。六弟谨记之。

读经、读史、读专集、讲义理之学，此有志者万不可易者也。圣人复起，必从吾言矣。然此亦仅为有大志者言之。若夫为科名之学，则要读四书文，读试帖、律赋，头绪甚多。四弟、九弟、厚二弟天资较低，必须为科名之学。六弟既有大志，虽不科名可也，但当守一耐字诀耳。观来信言读《札记疏》似不能耐者，勉之勉之。

兄少时天分不甚低，厥后日与庸鄙者处，全无所闻，窃被茅塞久矣。及乙未到京后，始有志学诗古文并作字之法，亦苦无良友。近年得一二良友，知有所谓经学者、经济者，有所谓躬行实践者，始知范、韩可学而至也，马迁、韩愈亦可学而至也，程、朱亦可学而至也。慨然思尽涤前日之污，以为更生之人，以为父母之肖子，以为诸弟之先导。无如体气本弱，耳鸣不止，稍稍用心，便觉劳顿。每自思念，天既限我以不能苦思，是天不欲成我之学问也。故近日以来，意颇疏散。

来信又言四弟与季弟从游觉庵师，六弟、九弟仍来京中，或肄业城南云云。兄之欲得老弟共住京中也，其情如孤雁之求曹也。自九弟辛丑秋思归，兄百计挽留，九弟当能言之。及至去秋决计南归，兄实无可如何，只得听其自便。若九弟今年复来，则一岁之内忽去忽来，不特堂上诸大人不肯，即旁观亦且笑我兄弟轻举妄动。且两弟同来，途费须得八十金，此时实难措办。六弟言能自为计，亦未历甘苦之言耳。若我今年能得一差，则两弟今冬与朱啸山同来甚好。如六弟不以为然，则再写信来商议可也。

九弟之信，写家事详细，惜话说太短。兄则每每太长，以后截长补短为妙。

尧阶若有大事，诸弟随去一人，帮他几天。牧云接我长信，何以全无回信。毋乃嫌我话太直乎？

扶乩之事，全不足信。九弟总须立志读书，不必想及此等事。季弟一切，皆须听诸兄话。

此次摺弁走甚急，不暇钞日记本。余容后告。（道光二十三年正月十七日）

致六弟（述学诗习字法）

温甫六弟左右：

五月廿九、六月初一连接弟三月初一、四月廿五、五月初一三次所发之信，并四书文二首，笔力实实可爱。

信中有云："于兄弟则直达其隐，父子祖孙间不得不曲致其情。"此数语有大道理。余之行事，每自以为至诚可质天地，何妨直情径行。昨接四弟信，始知家人至亲之地，亦有时须委曲以行之者，吾过矣，吾过矣！

香海为人最好，吾虽未与久居，而相知颇深，尔以兄事之可也。丁秩臣、王衡臣两君，吾皆未见，大约可为弟之师。或师之，或友之，在弟自为审择。若果威仪可则、淳实宏通，师之可也；若仅博雅能文，友之可也。或师或友，皆宜常存敬畏之心，不宜视为等夷，渐至慢亵，则不复能受其益矣。

弟三月之信所定功课太多，多则必不能专，万万不可。后信言已向陈季牧借《史记》，此不可不熟看之书。尔既看《史记》，则断不可看他书。功课无一定呆法，但须专耳。余从前教诸弟，常限以功课。近来觉限人以课程，往往强人以所难，苟其不愿，虽日日遵照限程，亦复无益，故近来教弟但有一专字耳。专字之外，又有数语教弟，兹特将冷金笺写出。弟可贴之座右，时时省览，并钞一付寄家中三弟。

香海言时文须学《东莱博议》，甚是。弟先须用笔圈点一遍，然后自选几篇读熟，即不读亦可。无论何书，总须从首至尾通看一遍。不然，乱翻几叶，摘钞几篇，则此书之大局精处茫然不知也。

学诗从《中州集》人亦好。然吾意读总集，不如读专集。此事人人意见各殊，嗜好不同。吾之嗜好，于五古则喜读《文选》，于七古则喜读《昌黎集》，于五律则喜读《杜集》，七律亦最喜杜诗，而苦不能步趋，故兼读《元遗山集》。吾作诗最短于七律，他体皆有心得；惜京都无人可与畅语者。弟要学诗，先须看一家集，不要东翻西阅。先须学一体，不可各体同学。盖明一体，则皆明也。凌笛舟最善为律诗，若在省，弟可就之求教。

习字临《千字文》亦可，但须有恒。每日临帖一百字，万万无间断，则数年必成书家矣。陈季牧最喜谈字，且深思善悟。吾见其寄岱云信，实能知写字之法，可爱可畏。弟可从之切磋。此等好学之友，愈多愈好。

来信要我寄诗回南。余今年身体不甚壮健，不能用心，故作诗绝少，仅作感春诗七古五章。慷慨悲歌，自谓不让陈卧子，而语太激烈，不敢示人。余则仅作应酬诗数首，了无可观。顷作寄贤弟诗二首，弟观之以为何如？京笔现在无便可寄，总在秋间寄回。若无笔写，暂向陈季牧借一支，后日还他可也。兄国藩手草。（道光二十三年六月初六日）

致诸弟（劝讲孝弟之道）

澄侯、叔淳、季洪三弟左右：

五月底连接三月初一、四月十八两次所发家信。

四弟之信，具见真性情，有困心衡虑、郁积思通之象。此事断不可求速效。求速效必助长，非徒无益，而又害之。只要日积月累，如愚公之移山，终久必有豁然贯通之候；愈欲速则愈锢蔽矣。

来书往往词不达意，我能深谅其苦。今人都将学字看错了。若细读"贤贤易色"一章，则绝大学问即在家庭日用之间。于孝弟两字上尽一分便是一分学，尽十分便是十分学。今人读书皆为科名起见，于孝弟伦纪之大，反似与书不相关。殊不知书上所载的，作文时所代圣贤说的，无非要明白这个道理。若果事事作得，即笔下说不出何妨！若事事不能作，并有亏于伦纪之大，即文章说得好，亦只算个名教中之罪人。贤弟性情真挚，而短于诗文，何不日日在孝弟两字上用功？《曲礼》、《内则》所说的，句句依他作出，务使祖父母、父母、叔父母无一时不安乐，无一时不顺适；下而兄弟妻子皆蔼然有恩，秩然有序，此真大学问也。若诗文不好，此小事不足计；即好极，亦不值一钱。不知贤弟肯听此语否？

科名之所以可贵者，谓其足以承堂上之欢也，谓禄仕可以养亲也。今吾已得之矣，即使诸弟不得，亦可以承欢，亦可以养亲，何必兄弟尽得哉？贤弟若细思此理，但于孝弟上用功，不于诗文上用功，则诗文不期进而自进矣。

凡作字总须得势，务使一笔可以走千里。三弟之字，笔笔无势，是以局促不能远纵。去年曾与九弟说及，想近来已忘之矣。

九弟欲看余白摺，余所写摺子甚少，故不付。

地仙为人主葬，害人一家，丧良心不少，未有不家败人亡者，不可不力阻凌云也。至于纺棉花之说，如直隶之三河县、灵寿县，无论贫富男妇，人人纺布为生，如我境之耕田为生也。江南之妇人耕田，犹三河之男人纺布也。湖南如浏阳之夏布，祁阳之葛布，宜昌之棉布，皆无论贫富男妇，人皆依以为业。此并不足为骇异也。第风俗难以遽变，必至骇人听闻，不如删去一段为妙。

书不尽言。兄国藩手草。（道光二十三年六月初六日）

致诸弟（须要看史温经）

四位老弟左右：

二月初十日黄仙垣来京，接到家信，备悉一切，欣慰之至。

朱啸山亦于是日到，现与家心斋同居。系兄代伊觅得房子，距余寓甚近，不过一箭远耳。郭筠仙现尚未到，余已为赁本胡同关帝庙房，使渠在庙中住，在余家火食。

冯树堂正月初六日来余家住，拟会试后再行上学，因小儿春间怕冷故也。树堂于二月十三日考国子监学正，题"而耻恶衣恶食者"二句、"不以天下奉一人策"，共五百人入场。树堂写作俱佳，应可以得。

陈岱云于初六日移寓报国寺。其配之枢，亦停寺中。岱云哀伤异常，不可劝止，作祭文一篇三千余字。余为作墓志铭一首，不知陈宅已寄归否？余懒誊寄也。

四川门生现已到廿余人。我县会试者，大约可十五人。甲午同年，大约可念五六人。然有求于余者，颇不乏人。

余今年应酬更繁。幸身体大好，迥不似从前光景。面胖而润，较前稍白矣。耳鸣亦好十之七八，尚有微根未断，不过月余可全好也。内人及儿子两女儿皆好。陈氏小儿在余家乳养者亦好。

六弟、九弟在城南读书，得罗罗山为之师，甚妙。然城南课似亦宜应，不应恐山长不以为然也。所作诗文及功课，望日内付来。四弟、季弟从觉庵师读自佳。四弟年已渐长，须每日看史书十页，无论能得科名与否，总可以稍长见识。季弟每日亦须看史，然温经更要紧，今年不必急急赴试也。

余容后陈。兄国藩手具。（道光二十四年二月十四日）

致诸弟（勿为时文所误）

四位老弟足下：

余于三月廿四移寓前门内西边碾儿胡同，与城外消息不通。四月间到摺差一次，余竟不知。迨既知而摺差已去矣。惟四月十九欧阳小岑南归，余寄衣箱银物并信一件。四月廿四梁葇庄南归，余寄书卷零物并信一件。两信皆仅数语，至今想尚未到。四月十三黄仙垣南归，余寄闱墨并无书信，想亦未到。兹将三次所寄各物另开清单付回，待三人到时，家中照单查收可也。

内城现住房共廿八间，每月房租京钱三十串，极为宽敞。冯树堂、郭筠仙所住房屋皆清洁。甲三于三月廿四日上学，天分不高不低，现已读四十天，读至自修齐至平治矣。因其年太小，故不加严。已读者字皆能认。两女皆平安。陈岱云之子在余家亦甚好。内人身子如常，现又有喜，大约九月可生。

余体气较去年略好，近因应酬太繁，天气渐热，又有耳鸣之病。今年应酬较往年更增数倍。第一为人写对联条幅，合四川、湖南两省求书者几日不暇给。第二公车来借钱者甚多，无论有借无借，多借少借，皆须婉言款待。第三则请酒拜客及会馆公事。第四则接见门生，颇费精神。又加以散馆，殿试则代人料理，考差则自己料理。诸事冗杂，遂无暇读书矣。

五月十一日接到四月十三家信，内四弟、六弟各文二首，九弟、季弟各文一首。四弟东皋课文甚洁净，诗亦稳妥。"则何以哉"一篇亦清顺有法，第词句多不圆足，笔亦平沓不超脱。平沓最为文家所忌，宜力求痛改此病。六弟笔气爽利，近亦渐就范围。然词意平庸，无才气峥嵘之处，非吾意中之温甫也。如六弟之天姿不凡，此时作文，当求议论纵横，才气奔放，作如火如荼之文，将来庶有成就。不然一挑半剔，意浅调卑，即使获售，亦当自惭其文之浅薄不堪。若其不售，则又两失之矣。今年从罗罗山游，不知罗山意见如何？吾谓六弟今年入泮固妙，万一不入,则当尽弃前功,壹志从事于先辈大家之文。年过二十,不为少矣,若再扶墙摩壁,役役于考卷搭截小题之中,将来时过而业仍不精,必有悔恨于失计者,不可不早图也。余当日实见不到此,幸而早得科名,未受其害。向使至今未尝入泮,则数十年从事于吊渡映带之间,仍然一无所得,岂不棻颜也哉!此中误人终身多矣。温甫以世家之子弟,负过人之姿质,即使终不入泮,尚不至于饥寒,奈何亦以考卷误终身也?九弟要余改文详批,余实不善改小考文,当请曹西垣代改,下次摺弁付回。季弟文气清爽异常,喜出望外;意亦层出不穷。以后务求才情横溢,气势充畅,切不可挑剔敷衍,安于庸陋。勉之勉之,初基不可不大也。书法亦有褚字笔意,尤为可喜。总之,吾所望于诸弟者,不在科名之有无,第一则孝弟为端,其次则文章不朽。诸弟若果能自立,当务其大者远者,毋徒汲汲于进学也。

冯树堂、郭筠仙在寓看书作文,功无间断。陈季牧日日习字,亦可畏也。四川门生留京约二十人,用功者颇多。余不尽书。兄国藩草。(道光二十四年五月十二日)

禀父母(教弟注重看书)

男国藩跪禀父母亲大人万福金安:

初十日顺天乡试发榜,湖南中三人,长沙周荇农中南元。率五之归,本拟附家心斋处。因率五不愿坐车,故附陈岱云之弟处同坐粮船。昨岱云自天津归,云船不甚好,男颇不放心。幸船上人多。应无可虑。

诸弟考试后,闻肄业小罗庵巷,不知勤惰若何?此时惟季弟较小,三弟俱年过二十,总以看书为主。我邑惟彭薄墅先生看书略多,自后无一人讲究者,大抵为考试文章所误。殊不知看书与考试全不相碍,彼不看书者,亦仍不利考如故也。我家诸弟此时无论考试之利不利,无论文章之工不工,总以看书为急。不然则年岁日长,科名无成,学问亦无一字可靠,将来求为塾师而不可得。或经或史,或诗集文集,每日总宜看二十页。男今年以来无日不看书,虽万事丛忙,亦不废正业。

闻九弟意欲与刘霞仙同伴读书。霞仙近来见道甚有所得，九弟若去，应有进益。望大人斟酌行之，男不敢自主。此事在九弟自为定计。若愧奋直前，有破釜沉舟之志，则远游不负；若徒悠忽因循，则近处尽可度日，何必远行百里外哉？求大人察九弟之志而定计焉。

余容续陈。男国藩谨禀。（道光二十四年九月十九日）

致诸弟（必须立志猛进）

四位老弟足下：

自七月发信后，未接诸弟信，乡间寄信较省城寄信百倍之难，故余亦不望。

然九弟前信有意与刘霞仙同伴读书，此意甚佳。霞仙近来读朱子书大有所见，不知其言语容止、规模气象何如？若果言动有礼，威仪可则，则直以为师可也，岂特友之哉！然与之同居，亦须真能取益乃佳，无徒浮慕虚名。人苟能自立志，则圣贤豪杰何事不可为，何必借助于人！我欲仁，斯仁至矣。我欲为孔、孟，则日夜孜孜，惟孔、孟之是学，人谁得而御我哉！若自己不立志，则虽日与尧、舜、禹、汤同住，亦彼自彼，我自我矣，何与于我哉！去年温甫欲读书省城，吾以为离却家门偪促之地而与省城诸胜己者处，其长进当不可限量。乃两年以来看书亦不甚多，至于诗文，则绝无长进，是不得归咎于地方之偪促也。去年余为择师丁君叙忠，后以丁君处太远，不能从，余意中遂无他师可从。今年弟自择罗罗山改文，而嗣后杳无消息，是又不得归咎于无良友也。日月逝矣，再过数年则满三十，不能不趁三十以前立志猛进也。

余受父教，而余不能教弟成名，此余所深愧者。他人与余交，多有受余益者，而独诸弟不能受余之益，此又余所深恨者也。今寄霞仙信一封，诸弟可钞存信稿而细玩之。此余数年来学思之力，略具大端。

六弟前嘱余将所作诗钞录寄回。余往年皆未存稿，近年存稿者不过百余首耳，实无暇钞写，待明年将全本付回可也。国藩草。（道光二十四年九月十九日）

致诸弟（看书必须有恒）

四位老弟足下：

前月寄信，想已接到。余蒙祖宗遗泽，祖父教训，幸得科名，内顾无所忧，外遇无不如意，一无所缺矣。所望者，再得诸弟强立，同心一力，何患令名之不显，何患家运之不兴，欲别立课程，多讲规条，使诸弟遵而行之。又恐诸弟习见而生厌心，欲默默而不言，又非长兄督责之道，是以往年常示诸弟以课程，近年则只教以"有恒"二字，所望于诸弟者，但将诸弟每月功课写明告我，则我心大慰矣。乃诸弟每次写信，从不将自己之业写明，乃好言家事及京中诸事。此时家中重庆，外事又有我照料，诸弟一概不管可也。以后写信，但将每月作诗几首，作文几首，看书几卷，详细告我，则我欢喜无量。诸弟或能为科名中人，或能为学问中人，其为父母之令子一也，我之欢喜一也。慎弗以科名稍迟，而遂谓无可自力也。如霞仙今日之身份，则比等闲之秀才高矣。若学问愈进，身份愈高，则等闲之举人、进士又不足论矣。

学问之道无穷，而总以有恒为主。兄往年极无恒，近年略好，而犹未纯熟。自七月初一起，至今则无一日间断。每日临帖百字，钞书百字，看书少亦须满二十页，多则不论。自七月起，至今已看过《王荆公文集》百卷，《归震川文集》四十卷，《诗经大全》二十卷，《后汉书》百卷，皆朱笔加圈批。虽极忙，亦须了本日功课，不以昨日耽搁而今日补作，不以明日有事而今日预作。诸弟若能有恒如此，则虽四弟中等之资，亦当有所成就，况六弟、九弟上等之资乎？

明年肄业之所，不知已有定否？或在家，或在外，无不可者。谓在家不好用功，此巧于卸责者也，吾今在京，日日事务纷冗，而犹可以不间断，况家中万万不及此间之纷冗乎？树堂、筠仙自十月起，每十日作文一首，每日看书十五页，亦极有恒。诸弟试将《朱子纲目》过笔圈点，定以有恒，不过数月即圈完矣。若看注疏，每经亦不过数月即完。切勿以家中有事而间断看书之课，又弗以考试将近而间断看书之课。虽走路之日，到店亦可看；考试之日，出场亦可看也。

兄日夜悬望，独此有恒二字告诸弟，伏愿诸弟刻刻留心。兄国藩手草。（道光二十四年十一月廿一日）

致诸弟（按月作文寄京）

四位老弟足下：

去年十二月廿二日寄去书函，谅已收到。顷接四弟信，谓前信小注中误写二字。其诗比即付还，今亦忘其所误谓何矣。

诸弟写信总云仓忙，六弟去年曾言城南寄信之难，每次至抚院赍奏厅打听云云。是何其蠢也！静坐书院三百六十日，日日皆可写信，何必打听摺差行期而后动笔哉？或送至提塘，或送至岱云家，皆万无一失，何必问了无关涉之赍奏厅哉？若弟等仓忙，则兄之仓忙殆过十倍，将终岁无一字寄家矣！

送王五诗第二首，弟不能解，数千里致书来问。此极虚心，余得信甚喜。若事事勤思善问，何患不一日千里？兹另纸写明寄回。家塾读书，余明知非诸弟所甚愿，然近处实无名师可从，省城如陈尧农、罗罗山皆可谓明师，而六弟、九弟又不善求益；且住省二年，诗文与字皆无大长进。如今我虽欲再言，堂上大人亦必不肯听。不如安分耐烦，寂处里闬，无师无友，挺然特立，作第一等人物。此则我之所期于诸弟者也。昔婺源汪双池先生一贫如洗，三十以前在窑上为人佣工画碗，三十以后，读书训蒙到老，终身不应科举。卒著书百余卷，为本朝有数名儒。彼何尝有师友哉？又何尝出里闬哉？余所望于诸弟者，如是而已，然总不出乎立志有恒四字之外也。

买笔付回，须待公车归乃可带回。大约府试院试可得用，县试则赶不到也。诸弟在家作文，若能按月付至京，则余请树堂随到随改，不过两月，家中又可收到。书不详尽，余俟续具。兄国藩手草。（道光二十五年二月初一日）

致诸弟（评文字之优劣）

子植、季洪两弟左右：

四月十四日接子植二月、三月两次手书，又接季洪信一函。子植何其详，季洪何其略也！今年以来，京中已发信七号，不审俱收到否？第六号、第七号余皆有禀呈堂上，言今年恐不考差。彼时身体虽平安，而癣疥之疾未愈，头上、面上、颈上并斑剥陆离，恐不便于陛见，故情愿不考差。恐堂上诸大人不放心，故特作白摺楷信，以安慰老亲之念。

三月初有直隶张姓医生，言最善治癣，贴膏药于癣上，三日一换，贴三次，即可拔出脓水，贴七次，即痊愈矣。初十日，令于左胁试贴一处，果有效验，廿日即令贴头面颈上，至四月八日，而七次皆已贴毕。将膏药揭去，仅余红晕，向之厚皮顽癣，今已荡然平矣。十五六即贴遍身，计不过半月，即可毕事，至五月初旬考差而通身已全好矣。现在仍写白摺，一定赴试。虽得不得自有一定，不敢妄想，而苟能赴考，亦可上慰高堂诸大人期望之心。

寓中大小安吉。惟温甫前月底偶患感冒风寒，遂痛左膝，服药二三帖不效，请外科开一针而愈。澄弟去年习柳字，殊不足观。今年改习赵字，而参以李北海《云麾碑》之笔意，大为长进。温弟时文已才华横溢，长安诸友多称赏之。书法以命意太高，笔不足以赴其所见。故在温弟自不称意，而人亦无由称之。故论文则温高于澄，澄难为兄；论书则澄高于温，温难为弟。

子植书法驾涤、澄、温而上之，可爱之至！可爱之至！但不知家中旧有徐浩书《和尚碑》及颜真卿书《郭家庙》否？若能参以二帖之沉着，则直追古人不难矣。

狼兼毫四枝既不合用，可以二枝送莘田叔，以二枝送茀庵表叔。正月间曾在岱云处寄羊毫二枝，不知已收到否？五月，钟子宾太守往湖南，可再寄二枝。以后两弟需用之物，随时写信至京可也。

祖父大人嘱买四川漆，现在四川门生留京者仅二人，皆极寒之士。由

京至渠家有五千余里，由四川至湖南有四千余里，彼此路皆太远。此二人在京半年不能得家信，即令彼寄信至渠家，渠家亦万无便可附湖南。九弟须详禀祖父大人，不如在省以重价购顶上川漆为便。作直牌匾，祖父大人系貤封中宪大夫，父亲系诰封中宪大夫，祖母貤封恭人，母亲诰封恭人。京官加一级请封，侍读学士是从四品，故堂上皆正四品也。蓝顶是暗蓝，余正月已寄回二顶矣。

书不宣尽，诸详澄、温书中。今日身上敷药，不及为楷。堂上诸大人，两弟代为禀告可也。（道光二十六年四月十六日）

致诸弟（宜访择一明师）

澄侯、温甫、子植、季洪四位老弟左右：

胡二等初一日到营，接奉父大人手谕及诸弟信，具悉一切。

兄于二十日在汉口起行，二十一日至黄州，二十二日至堵城，以羊一豕一，为文祭吴甄甫师。二十三日过江至武昌县。二十四在巴河晤郭雨三之弟，知其兄观亭在山西，因属邑失守革职，雨三现署两淮盐运使。二十九日至蕲州，是日水师大战获胜。初一、初四、初五陆军在田家镇之对岸半壁山大战获胜。初九、初十水师在蕲州开仗小胜。十三日水师大破田家镇贼防，烧贼船四千余号。自有此军以来，陆路杀贼之多，无有过于初四之战，水路烧船之多，无有过于十三之役。现在前帮已至九江，吾尚驻田家镇，离九江百五十里。陆路之贼均在广济、黄梅一带，塔、罗于念三日起行往剿。一切军事之详，均具奏报之中。兹并钞录寄回，祈敬呈父亲大人、叔父大人一览。

刘一、良五于廿日至田家镇。得悉家中老幼均吉，甚慰甚慰。魏荫亭先生既来军中，父大人命九弟教子侄读书，而九弟书来坚执不肯，欲余另请明师。余意中实乏明师可以聘请。日内与霞、次及幕中诸君子熟商，近处惟罗研生兄是我心中佩仰之人。其学问具有本原，于《说文》、音学、舆地尤其所长，而诗、古文辞及行楷书法亦皆讲求有年。吾乡通经学古之士，以邹叔绩为最，而研生次之。其世兄现在余幕中，故请其写家信，聘研生至吾乡教读。研兄之继配陈氏，与耦庚先生为联襟。渠又明于风水之说，并可在吾乡选择吉地。但不知其果肯来否？渠现馆徐方伯处，未知能辞彼就此否？若果能来，足开吾邑小学之风，于温甫、子植亦不无裨益。若研兄不能来，则吾心中别无他人。植弟坚不肯教，则乞诸弟为访择一师而延聘焉为要。甲三、甲五可同一师，不可分开。科一、科三、科四亦可同师。余不一一，诸俟续布。（咸丰四年十月廿二日）

致四弟（宜留心读书事）

澄侯四弟左右：

贺常四到营，接弟信，言早起太晏，诚所不免。吾去年住营盘，各营皆畏慎早起。自腊月廿七移寓公馆，早间稍晏，各营皆随而渐晏。未有主帅晏而将弁能早者也，犹之一家之中，未有家长晏而子弟能早者也。

沅弟在景德镇，办事甚为稳靠，可爱之至。惟据称悍贼甚多，一时恐难克复。官兵有劲旅万余，决可无碍。季弟在湖北已来一信。胡咏帅待之甚厚，家中尽可放心。

家中读书事，弟宜常常留心。如甲五、科三等皆须读书，不失大家子弟风范，不可太疏忽也。（咸丰九年六月初四日）

致四弟（宜劝诸侄勤读）

澄弟左右：

沅弟营中久无战事。金陵之贼，亦无粮尽确耗。杭州之贼目陈炳文闻有投诚之信，克复当在目前。天气阴雨作寒，景象亦不甚佳。吾在兵间日久，实愿早灭此寇，俾斯民稍留孑遗。而睹此消息，竟未知何日息兵也。

纪泽兄弟及王甥、罗婿读书均属有恒。家中诸侄近日勤奋否？弟之勤

为诸兄弟之最，俭字工夫，日来稍有长进否？诸侄不知俭约者，弟常常训责之否？（同治三年三月初四日）

致四弟九弟（宜家居时苦学）

澄、沅两弟左右：

腊月初六接沅弟来信，知已平安到家，慰幸无已。

少荃于初六日起行，已抵苏州。余于十四日入闱写榜，是夜二更发榜，正榜二百七十三，副榜四十八。闱墨极好，为三十年来所未有。韫斋先生与副主考亦极得意，士子欢欣传诵。韫师定于二十六日起程，平景孙编修奏请便道回浙。此间公私送程仪约各三千有奇。各营挑浚秦淮河，已浚十分之六，约年内可以竣事。

澄弟所劝大臣大儒致身之道，敬悉敬悉。惟目下精神实不如从前耳。《鸣原堂论文钞》、《东坡万言书》，弟阅之如尚有不能解者，宜写信来问。弟每次问几条，余每次批几条，兄弟论文于三千里外，亦不减对床风雨之乐。弟以不能文为此身缺憾，宜趁此家居时，苦学二三年，不可抛荒片刻也。（同治三年十二月十六日）

致九弟（讲求奏议不迟）

沅弟左右：

弟信言寄文每月以六篇为率，余意每月三次，每次未满千字者则二篇，千字以上者则止一篇。选文之法，古人选三之二，本朝人选三之一，不知果当弟意否？

弟此时讲求奏议尚不为迟，不必过于懊悔。天下督抚二十余人，其奏疏有过弟者，有鲁卫者，有不及弟者。弟此时用功不求太猛，但求有恒。以吾弟攻金陵之苦力，用之他事，又何事不可为乎？（同治四年正月廿四日）

致四弟九弟（谆嘱瑞侄加功）

澄、沅弟左右：

纪瑞侄得取县案首，喜慰无已。吾不望代代得富贵，但愿代代有秀才。秀才者，读书之种子也，世家之招牌也，礼义之旗帜也。谆嘱瑞侄从此奋勉加功，为人与为学并进，切戒"骄奢"二字，则家中风气日厚，而诸子侄争相濯磨矣。

吾自受督办山东军务之命，初九、十三日两摺皆已寄弟阅看，兹将两次批谕钞阅。吾于廿五日起行登舟，在河下停泊三日，待遣回之十五营一概开行，带去之六营一概拔队，然后解维长行。茂堂不愿久在北路，拟至徐州度暑，九月间，准茂堂还湘。勇丁有不愿留徐者，亦听随茂堂归。总使吉中全军人人荣归，可去可来，无半句闲话惹人谈论，沅弟千万放心。

余舌尖蹇涩，不能多说话，诸事不甚耐烦，幸饮食如常耳。沅弟湿毒未减，悬系之至。药物断难收效，总以能养能睡为妙。（同治四年五月廿五日）

致四弟九弟（述为学有四事）

澄、沅两弟左右：

屡接弟信，并阅弟给纪泽等谕帖，具悉一切。兄以八月十三出省，十月十五日归署，在外匆匆，未得常寄函与弟，深以为歉。小澄生子，岳松入学，是家中近日可庆之事。沅弟夫妇病而速痊，亦属可慰。吾见家中后辈，体皆虚弱，读书不甚长进，曾以为学四事勖儿辈：一曰看生书宜求速，不多读则太陋；一曰温旧书宜求熟，不背诵则易忘；一曰习字宜有恒，不善写则如身之无衣，山之无木；一曰作文宜苦思，不善作则如人之哑不能言，马之跛不能行。四者缺一不可。盖阅历一生而深知之，深悔之者，今亦望家中诸侄力行之。两弟如以为然，望常以此教诫

子侄为要。

兄在外两月有余，应酬极繁，眩晕疝气等症，幸未复发，脚肿亦愈，惟目蒙日甚，小便太多，衰老相逼，时势当然，无足怪也。（同治六年十月廿三日）

理 财 类

禀祖父母（在京无生计）

孙男国藩跪禀祖父大人万福金安：

六月初五日，接家信一封，系四弟初十日在省城发，得悉一切，不胜欣慰。

孙国藩日内身体平安。国荃于廿三日微受暑热，服药一帖，次日即愈；初三日复患腹泻，服药二帖，即愈。曾孙甲三于廿三日腹泻不止，比请郑小珊诊治，次日添请吴竹如，皆云系脾虚而并受暑气，三日内服药六帖，亦无大效；廿六日添请本京王医，专服凉药，渐次平复，初一二两日未吃药，刻下病已全好，唯脾元尚亏，体尚未复。孙等自知细心调理，观其行走如常，饮食如常，不吃药即可复体，堂上不必挂念。长孙妇身体亦好，婢仆如旧。同乡梅霖生病，于五月中旬日日加重，十八日上床，廿五日子时仙逝。胡云阁先生亦同日同时同刻仙逝。梅霖生身后一切事宜，系陈岱云、黎月乔与孙三人料理，戊戌同年赙仪共五百两，吴甄甫夫子（戊戌总裁）进京，赙赠百两。将来一概，共可张罗千余金，计京中用费，及灵柩回南途费，不过用四百金，其余尚可周恤遗孤。

自五月下旬以至六月初，诸事殷繁。孙荃亦未得读书，六月前寄文来京，尚有三篇，孙未暇改。广东事已成功。由军功升官及戴花翎蓝翎者，共二百余人？将上谕钞回前半节，其后半载升官人名，未及全钞。

昨接家信，始知楚善八叔竹山湾田，已于去冬归祖父大人承买，八叔之家稍安，而我家更窘迫，不知祖父如何调停。去冬今年，如何设法，望于家信内详示。

孙等在京，别无生计，大约冬初即须借账，不能备仰事之资寄回，不胜愧悚。余容续禀。即禀祖父母大人万福金安。孙跪禀。（道光二十一年六月初七日）

禀祖父母（京中窘迫状）

孙男国藩跪禀祖父大人万福金安：

廿九日早接丹阁十叔信，系正月廿八日发，始知祖父大人于二月间体气违和，三月已痊愈，至今康健如常，家中老幼均吉，不胜欣幸。四弟于五月初九寄信物于彭山屺处，至今尚未到，大约七月可到。丹阁叔信内言：去年楚善叔田业卖于我家承管，其中曲折甚多，添梓坪借钱三百四十千，其实只三百千，外四十千系丹阁叔因我家景况艰窘，勉强代楚善叔解危，将来受累不浅，故所代出之四十千，自去冬至今，不敢向我家明言，不特不敢明告祖父，即父亲叔父之前，渠亦不敢直说。盖事前说出，则事必不成，不成则楚善叔逼迫无路，二伯祖母奉养必阙，而本房日见凋败，终无安静之日矣。事后说出，则我家既受其累，又受其欺，祖父大人必怒，渠更无辞可对，无地自容，故将此事写信告知孙男，托孙原其不得已之故，转禀告祖父大人。现在家中艰难，渠所代出之四十千，想无钱可以付渠。八月心斋兄南旋，孙在京借银数十两付回家中，归楚此项。大约须腊底可到，因心斋兄走江南回故也。孙此刻在京光景渐窘，然当京官者，大半皆东扯西支，从无充裕之时，亦从无冻饿之时，家中不必系怀。孙现今管长郡会馆事，公项存件，亦已无几。孙日内身体如恒。九弟亦好。甲三自五月廿三日起病，至今虽痊愈，然十分之中尚有一二分未尽复旧，刻下每日吃炒米粥二餐，泡冻米吃二次；乳已全无，而伊亦要吃，据医云：此等乳最不养人。因其夜哭甚，不能遽断乳。从前发热烦躁，夜卧不安，食物不化及一切诸患，此时皆已去尽，日日嬉笑好吃，现在尚服补脾之药。大约再服四五帖，本体全复即可不药。孙妇亦感冒三天。郑小珊云：服凉药后，须略吃安胎药。目下亦健爽如常。甲三病时，孙妇曾跪许装修家中观世音菩萨金身，伏求家中今年酬愿，又言西冲有寿佛神像，祖母曾叩许装修，亦系为甲三而许，亦求今年酬谢了愿。梅霖生身后事，办理颇如意，其子可于七月扶榇回南。同乡各官如常。家中若有信来，望将王率五家光景写明。肃此谨禀祖父母大人万福金安。（道光二十一年六月廿九日）

禀父母（筹画归还借款）

男国藩跪禀父母亲大人万福金安：

彭山屺进京，道上为雨泥所苦，又值黄河水涨，渡河时大费力，行旅衣服皆湿，惟男所寄书，渠收贮箱内，全无潮损，真可感也。到京又以腊肉、莲、茶送男。渠于初九日到，男于十三日请酒。十六日将四十千钱交楚。渠于十八日赁住黑巾，离城十八里，系武会试进场之地，男必去送考。男在京身体平安，国荃亦如常。男妇于六月廿三四感冒，服药数帖痊愈，又服安胎药数帖。纪泽自病痊愈后，接又服补剂十余帖，辰下体已复元。每日行走欢呼，虽不能言，已无所不知。食粥一大碗，不食零物。仆婢皆如常。周贵已荐随陈云心回南。其人蠢而负恩。萧祥已跟别人，男见其老成，加钱呼之复来。男目下光景渐窘，恰有俸银接续，冬下又望外官例寄炭资，今年尚可勉强支持，至明年则更难筹画。借钱之难，京城与家乡相仿，但不勒追强逼耳。前次寄信回家，言添梓坪借项内，松轩叔兄弟实代出钱四十千，男可寄银回家，完清此项。近因完彭山屺项，又移徙房屋，用钱日多，恐难再付银回家。男现看定屋在绳匠胡同北头路东，准于八月初六日迁居，初二日已搬一香案去，取吉日也。棉花六条胡同之屋，王翰城言冬间极不吉，且言重庆下者，不宜住三面悬空之屋，故遂迁移绳匠胡同。房租每月大钱十千，收拾又须十余千。心斋借男银已全楚。渠家中付来银五百五十两，又有各项出息。渠言尚须借银出京，不知信否。男已于七月留须，楚善叔有信寄男，系四月写，备言其苦。近闻衡阳田已卖，应可勉强度日。戊戌冬所借十千二百，男曾言帮他，曾禀告叔父，未禀祖父大人，是男之罪，非渠之过。其余细微曲折，时成时否，时朋买，时独买，叔父信不甚详明，楚善叔信甚详，男不敢尽信。总之渠但免债主追迫，即是好处，第目前无屋可住，不知何处安身。若万一老亲幼子，栖托无所，则流离四徙，尤可怜悯。以男愚见，可仍使渠住近处，断不可住衡阳，求祖父大人代渠谋一安居。若有余赀，则佃田耕作。又求父亲寄信问朱尧阶，备言楚善光景之苦，与男关注之切，问渠所营产业，可佃与楚善耕否？渠若允从，则男另有信求尧阶，租谷须格外从轻。但路太远，至少亦须耕六十亩，方可了吃。尧阶寿屏，托心斋带回。严丽生在湘乡不理公

事，篮篚不饬，声名狼藉，如查有真实劣迹，或有上案，不妨钞录付京，因有御史在男处查访也，但须机密。四弟、六弟考试，不知如何？得不足喜，失不足忧，总以发愤读书为主。史宜日日看，不可间断。九弟阅《易知录》，现已看至隋朝。温经须先穷一经，一经通后，再治他经，切不可兼营并鹜，一无所得。右谨禀父母亲大人万福金安。（道光二十一年八月初三日）

禀父母（借银寄回家用）

男国藩跪禀父母亲大人万福金安：

十四日接家信，内有父亲、叔父并丹阁叔信各一件，得悉丹阁叔入泮，且堂上各大人康健，不胜欣幸。男于八月初六日移寓绳匠胡同北头路东，屋甚好，共十八间，每月房租京钱二十千文。前在棉花胡同，房甚逼仄，此时房屋爽垲，气象轩敞。男与九弟言，恨不能接堂上各大人来京住此。男身体平安。九弟亦如常，前不过小恙，两日即愈，未服补剂。甲三自病体复元后，日见肥胖，每日欢呼趋走，精神不倦。家妇亦如恒。九弟《礼记》读完，现读《周礼》。心斋兄于八月十六日，男向渠借银四十千，付寄家用。渠允于到湘乡时，送银廿八两，交勤七处，转交男家，且言万不致误。男订待渠到京日偿还其银，若到家中，不必还他。又男寄有冬菜一篓，朱尧阶寿屏一付，在心斋处，冬菜托交勤七叔送至家，寿屏托交朱啸山转寄香海处，月内准有信去。王睢园处，去冬有信去，至今无回信，殊不可解。颜字不宜写白摺，男拟改临褚、柳。去年跪托叔父大人之事，承已代觅一具，感戴之至，泥首万拜。若得再觅一具，即于今冬明春办就更妙，敬谢叔父，另有信一函。在京一切，自知谨慎。男跪禀。（道光二十一年八月十七日）

禀父母（在外借债过年）

男国藩跪禀父母亲大人万福金安：

昨十二月十七日奉到手谕，知家中百凡顺遂，不胜欣幸。男等在京，身体平安。孙男孙女皆好。现在共用四人。荆七专抱孙男，以春梅事多，不兼顾也。孙男每日清晨，与男同起，即送出外，夜始接归上房。孙女满月,有客一席。九弟读书,近有李碧峰同居,较有乐趣。男精神不甚好,不能勤教,亦不督责。每日兄弟笑语欢娱,萧然自乐。而九弟似有进境,兹将昨日课文原稿呈上。男今年过年,除用去会馆房租六十千外,又借银五十两,前日冀望外间或有炭资之赠,今冬乃绝无此项。闻今年家中可尽完旧债,是男在外有负累,而家无负累,此最可喜之事。岱云则南北负累,时常忧贫,然其人忠信笃敬,见信于人,亦无窘迫之时。同乡京官俞岱青先生告假,拟明年春初出京,男便附鹿肉,托渠带回。杜兰溪、周华甫皆拟送家眷出京。岱云约男同送家眷,男不肯送,渠谋亦中止。彭山屺出京,男为代借五十金,昨已如数付来。心斋临行时,约送银廿八两至勤七叔处,转交我家,不知能践言否?嗣后家中信来,四弟、六弟各写数行,能写长信更好。男谨禀。(道光二十一年十二月二十一日)

禀父母（便附家中大布）

男国藩跪禀父亲大人万福金安:

男与九弟身体清吉,家妇亦平安。孙男甲三体好,每日吃粥两顿,不吃零星饮食,去冬已能讲话。孙女亦体好,乳食最多,合寓顺适。今年新正,景象阳和,较去年正月,甚为燠暖。兹因俞岱青先生南回,付鹿脯一方,以为堂上大人甘旨之需。鹿肉恐难寄远,故熏腊附回。此间现有熏腊肉、猪舌、猪心、腊鱼之类,与家中无异。如有便附物来京,望附茶叶大布而已。茶叶须托朱尧阶清明时在永丰买,则其价亦廉,茶叶亦好。家中之布,附至此间,为用甚大,但家中费用窘迫,无钱办此耳。同县李碧峰,苦不堪言,男代为张罗,已觅得馆,每月学俸银三两。在男处将住三月,所费无几,而彼则感激难名。馆地现尚未定,大约可成。在京一切,自知谨慎。即请父母亲大人万福金安。(道光二十二年正月初七日)

禀祖父母（在京易挪钱）

孙男国藩跪禀祖父母大人万福金安:

四月廿一日,接壬寅第二号家信,内祖父、父亲、叔父手书各一,两

弟信并诗文俱收。伏读祖父手谕,字迹与早年相同,知精神较健。家中老幼平安,不胜欣幸。游子在外,最重惟"平安"二字,承叔父代办寿具,兄弟感恩,何以图报!湘潭带漆,必须多带,此物难辨真假,不可邀人去同买,反有奸弊。在省考试时,与朋友问看漆之法,多问则必能知一二,若临买时,向纸行邀人同去,则必吃亏。如不知看漆之法,则今年不必买太多,待明年讲究熟习,再买不迟。今年漆新寿具之时,祖父母寿具,必须加漆,以后每年加漆一次,四具同加,约计每年漆钱多少,写信来京,孙付至省城甚易。此事万不可从俭,子孙所为报恩之处,惟此最为切实,其余皆虚文也。孙意总以厚漆为主,由一层以加至数十层,愈厚愈坚,不必多用瓷灰、夏布等物,恐其与漆不相胶粘,历久而脱壳也。然此事孙未尝经历讲究,不知如何而后尽善,家中如何办法,望四弟写信详细告知。更望叔父教训诸弟,经理家事。

　　心斋兄去年临行时,言到县即送银廿八两至我家,孙因十叔所代之钱,恐家中年底难办,故向心斋通挪,因渠曾挪过孙的。今渠既未送来,则不必向渠借也。家中目下敷用不缺,此孙所第一放心者。孙在京已借银二百两,此地通挪甚易,故不甚窘迫,恐不能顾家耳。曾孙姊妹二人体甚好。四月念三月,已种牛痘,万无一失。系广东京官,设局济活贫家婴儿,不取一钱。兹附回种法一张,敬呈慈览。湘潭、长沙皆有牛痘公局,可惜乡间无人知之。英夷去年攻占浙江宁波府及定海、镇海两县,今年退出宁波,攻占乍浦,极可痛恨。京城人心,安静如无事时,想不日可殄灭也。孙谨禀。(道光二十二年四月廿七日)

禀祖父母 (无钱寄回家)

孙男国藩跪禀祖父母大人万福金安:

　　孙兄弟在京平安。孙妇身体如常。曾孙兄妹二人种痘后,现花极佳。男种六颗,出五颗;女种四颗,出三颗,并皆清吉。寓内上下平善。逆夷海氛甚恶,现在江苏滋扰,宝山失守,官兵退缩不前,反在民间骚扰。不知何日方可荡平。天津防堵甚严,或可无虑。同乡何子贞全家住南京,闻又将进京。谢果堂太守于六月进京,初意欲捐复,多恐不能。郑莘田放贵州贵西道。黎樾乔转京畿道。同乡京官,绝少在京。孙光景虽艰,而各处通挪，从无窘迫之时，但不能寄赀回家，以奉甘旨之需，时深愧悚。前寄书征一表叔，言将代作墓志，刻下实无便可寄。蕙妹移居后，究不知光景如何，孙时为挂念。若有家信来京，望详明书示。孙在京自当谨慎，足以仰慰慈怀。孙谨禀。（道光二十二年六月初十日）

禀父母（寄银完债赠人）

男国藩跪禀父母亲大人万福金安：

男在四川，于十一月廿日还京。彼时无摺弁回南，至十二月十六日始发家信。十二月除夕又发一信，交曾受恬处。受恬名兴仁，善化丙子举人，任江西分宜县知县。上年进京引见，正月初四日出都，迂道由长沙回江西。男与心斋各借银一百两与渠作途费；男又托渠带银三百两，系蓝布密缝三包，鹿胶二斤半，阿胶二斤，共一包，高丽参半斤一包，荆七银四十两一包，又信一封，交陈宅，托其代为收下，面交六弟、九弟。大约二月下旬可到省。受恬所借之银百两，若在省能还更好，若不能还，亦不能急索，俟渠到江西必还，只订定妥交陈宅，毋寄不可靠之人耳。若六月尚未收到，则写信寄京，男作信至江西催取也。廿二夜，男接家信，得悉一切，欣喜之至。祖父大人七旬晋一大庆，不知家中开筵否？男在京仅一席，以去年庆寿故也。祖母大人小恙旋愈，甚喜，以后断不可上楼，不可理家事。叔父大人之病，不知究竟如何，下次求详书示知。男前次信回，言付银千两至家，以六百为家中完债及零用之费，以四百为馈赠戚族之用。昨由受恬处寄归四百，即分送戚族可也。其余六百，朱啸山处兑钱百三十千，即除去一百两，四月间再付五百回家，与同乡公车带回，不同县者亦可，男自有斟酌也。男自四川归后，身体发胖，精神甚好，夜间不出门，虽未畜车，而每出必以车，无一处徒步，保养之法，大人尽可放心。男妇及孙男女皆平安。本家心斋，男待他甚好，渠亦凡事必问男。所作诗赋，男知无不言。冯树堂于正月十六来男寓住，目前渠自用功，男尽心与之讲究一切。会试后，即命孙儿上学，每月脩金四两。郭筠仙进京，亦在男处住，现尚未到，四川门生已到四人，二月间即考国子监学正。今年正月初三，下诏举行恩科，明年皇太后万寿，定有覃恩，可请诰封。此男所最为切望者也。去年因科场舞弊，皇上命部议定，以后新举人到京，皆于

二月十五复试，倘有文理荒谬者，分别革职、停科等罚，甚可惧也。在京一切，男自知慎。余容续陈。男谨禀。（道光二十四年正月廿五日）

致诸弟（取款及托带银）

四位老弟足下：

二月有摺差到京，余因眼蒙，故未写信。三月初三，接到正月廿四所发家信，无事不详悉，忻喜之至。此次眼尚微红，不敢多作字，故未另禀堂上，一切详此书中，烦弟等代禀告焉。去年所寄银，余有分馈亲族之意，厥后屡次信问，总未详明示悉。顷奉父亲示谕云，皆已周到，酌量减半。然以余所闻，亦有过于半者，亦有不及一半者，下次信来，务求九弟开一单告我为幸。受恬之钱，既专使去取，余又有京信去，想必可以取回，则可以还江岷山、东海之项矣。岷山、东海之银本有利息，余拟送他高丽参共半斤，挂屏、对联各一副，或者可少减利钱，待公车归时带回。父亲手谕，要寄百两回家，亦待公车带回。有此一项，则可以还率五之钱矣。率五想已到家，渠是好体面之人，不必时时责备他。惟以体面待他，渠亦自然学好。兰姊买田，可喜之至，惟与人同居，小事要看松些，不可在在讨人恼。欧阳牧云要与我重订婚姻，我非不愿，但渠与其妹是同胞所生，兄妹之子女，犹然骨肉也，古者婚姻之道，所以厚别也，故同姓不婚。中表为婚，此俗礼之大失，譬如嫁女而号泣，奠礼而三献，丧事而用乐，此皆俗礼之失，我辈不可不力辨之。四弟以此义告牧云，吾徐当作信复告也。罗芸皋于二月十八日到京，路上备尝辛苦，为从来进京者所未有，于廿七日在圆明园正大光明殿补行复试，所带小菜、布匹、茶叶，俱已收到，但不知付物甚多，何以并无家信。四弟去年所寄诗，已圈批寄还，不知收到否。汪觉庵师寿文，大约在八月前付到，五十已纳征礼成，可贺可贺。朱家气象甚好，但劝其少学官款。我家亦然。啸山接到咨文，上有祖母已没字样，甚为哀痛，归思极迫。余再三劝解，场后即来余寓同住。我家共住三人，郭二于二月初八日到京，复试二等第八。树堂榜后要南归，将来择师尚未定。六弟信中言功课在廉让之间，此语殊不可解；所需书籍，惟《子史精华》家中现有，准托公车带归；《汉魏六朝百三家》，京城甚贵，余已托人在扬州买，尚未接到；《稗海》及《绥寇纪略》亦贵，且寄此书与人，则帮人车价，因此书尚非吾弟所宜急务者，故不买寄。元明名古文，尚无选本。近来邱蕙西已选元文，渠劝我选明文，我因无暇，尚未选。古文选本，惟姚姬传先生所选本最好，吾近来圈过一遍，可于公车带回。六弟用墨笔加圈一遍可也。九弟诗大进，读之为之距跃三百，即和四章寄回。树堂、筠仙、意城三君，皆各有和章。诗之为道，各人门径不同，难执一己之成见以概论。吾前教四弟学袁简斋，以四弟笔情与袁相近也。今观九弟笔情，则与元遗山相近。吾教诸弟学诗无别法，但须看一家之专集，不可读选本，以汨没性灵，至要至要！吾于五七古学杜、韩，五七律学杜，此二家无一字不细看；外此则古诗学苏、黄，律诗学义山，此三家，亦无一字不看。五家之外，则用功浅矣。我之门径如此，诸弟或从我行，或别寻门径，随人性之所近而为之可耳。余近来事极繁，然无日不看书，今年已批《韩诗》一部，正月十八批毕，现在批《史记》三之二，大约四月可批完。诸弟所看书，望详示。邻里有事，亦望示知。国藩手草。（道光二十五年三月初五日）

禀父母（送参冀减息银）

男国藩跪禀父母亲大人：

男于三月初六日，蒙恩得分会试房。四月十一日，发榜出场。身体清吉，合室平安。所有一切事宜，写信交摺差先寄。兹因啸山还家，托带纹银百两，高丽参斤半，《子史精华》六套，《古文辞类纂》二套，《绥寇纪略》一套，皆六弟信要看之书。高丽参，男意送江岷山、东海二家六两，以冀少减息银。又送金虔竺之尊人二两，以报东道之谊，听大人裁处。男尚办有送朱岚暄挂屏，候郭筠仙带回。又有寿屏及考试笔等物，亦俟他处寄回。余俟续具。男谨禀。（道光二十五年四月十五日）

禀父母（专人去取借款）

男国藩跪禀父母亲大人万福金安：

男于五月中旬染瘟症，服药即效，已痊愈矣，而余热未尽，近日头上

生癣，身上生热毒，每日服银花、甘草等药。医云：内热未散，宜发不宜遏抑。身上之毒，至秋即可全好；头上之癣，亦不至蔓延。又云恐家中祖茔上有不洁处，虽不宜挑动，亦不可不打扫。男以皮肤之患，不甚经意，仍读书应酬如故，饮食起居一切如故。男妇服附片、高丽参、熟地、白术等药，已五十余日，饭量略加，尚未十分壮健，然行事起居，亦复如常。孙男女四人并皆平安。家中仆婢皆好。

前有信言寄金年伯高丽参二两，此万不可少，望如数分送。去年所送戚族银，男至今未见全单。男年轻识浅，断不敢自作主张。然家中诸事，男亦愿闻其详，求大人谕四弟将全单开示为望。诸弟考试，今年想必有所得，如得入学，但择亲属拜客，不必遍拜，赤不必请酒，盖恐亲族难于应酬也。曾受恬去年所借钱，不知已寄到否？若未到，须专人去取，万不可缓。如心斋亦专差，则两家同去，如渠不专差，则我家独去。家中近日用度何如，男意有人作官则待邻里不可不略松，而家用不可不守旧，不知是否。男谨禀。（道光二十五年六月十九日）

禀父母 （在京事事省俭）

男国藩跪禀父母亲大人礼次：

正月十五日接到父亲、叔父十二月二十所发手书，敬悉一切。但折弁于腊月廿八在长沙起程，不知四弟何以尚未到省？

祖母葬地，易敬臣之说甚是。男去冬已写信与朱尧阶，请渠寻地。兹又寄书与敬臣。尧阶看妥之后，可请敬臣一看，以尧阶为主，而以敬臣为辅。尧阶看定后，若毫无疑义，不再请敬臣可也；若有疑义，则请渠二人商之。男书先寄去，若请他时，四弟再写一信去。男有信禀祖父大人，不知祖父可允从否。若执意不听，则遵命不敢违拗，求大人相机而行。大人念及京中恐无钱用，男在京事事省俭，偶值阙乏之时，尚有朋友可以通挪。去年家中收各项约共五百金，望收藏二百勿用，以备不时之需。丁戊二年不考差，恐男无钱寄回。男在京用度，自有打算，大人不必挂心。此间情形，四弟必能详言之。家中办丧事情形，亦望四弟详告，共发孝衣几十件，飨祭几堂，远处来吊者几人，一一细载为幸。男身体平安，一男四女，痘后俱好。男妇亦如常。闻母亲想六弟回家，叔父信来，亦欲六弟随公车南旋，此事须由六弟自家作主，男不劝之归，亦不敢留家中。诸务浩繁，四弟可一人经理。九弟、季弟，必须读书，万不可耽搁他。九弟、季弟亦万不可懒散自弃。去年江西之行，已不免为人所窃笑，以后切不可轻举妄动。只要天不管，地不管，伏案用功而已。男在京时时想望者，只望诸弟中有一发愤自立之人，虽不得科名，亦是男的大帮手。万望家中勿以琐事耽搁九弟、季弟，亦望两弟鉴我苦心，结实用功也。男之癣疾，近又小发，但不似去春之甚耳。同乡各家如常，刘月槎已于十五日到京。余俟续呈。男谨禀。（道光二十七年正月十八日）

禀叔父母（托人带归银）

侄国藩跪禀叔父母大人福安：

九月初十日接到四弟、九弟、季弟等信，系八月半在省城所发者，知祖大人之病，又得稍减；九弟得补廪，不胜欣幸。前劳辛垓廉访八月十一出京，侄寄去衣包一个，计衣十件，不知已到否。侄有银数十两，欲寄回家，久无妙便，十月间，武冈张君经赞回长沙，拟托带回。闻叔父为坤上公屋加工修治，侄亦欲寄银数两，为叔父助犒赏匠人之资。罗六所存银廿二两在侄处，右三项皆拟托张君带归。前欧阳沧溟先生馆事，伍太尊已复书于季仙九先生，兹季师又回一信于伍处，托侄便寄家中，可送至欧阳家，嘱其即投伍府尊也。牧云又托查万崇轩先生选教官迟早，兹已查出，写一红条，大约明冬可选。此二事可嘱澄候写信告知牧云。侄等在京身体平安。常南陔先生欲以幼女许配纪泽，托郭筠仙说媒，李家尚未说定，两家似可对，不知堂上大人之意若何，望示知。余容续具。侄谨禀。（道光二十八年九月十二日）

致诸弟（家中须略积钱）

四位老弟足下：

去腊廿六日，接温弟在湖北所发信。正月初八日，接诸弟腊月十五所

发信。而温弟在河南托邹墨林转寄一信,则至今未到。澄弟十一月十九所发一信,亦至今未到也。澄弟生子,庆贺庆贺!吾与澄弟,去年报最,今年轮应温、植、洪三人报最矣。但植弟之妇,闻已有吉语,恐竟成当在温弟之前,植弟未免疾行先长耳。四位弟妇,闻皆率母亲、叔父之教,能勤能俭,予闻之不胜欣喜。已办有材料,今春为四弟妇各制一衣,觅便即行寄回。澄弟捐监执照,亦准于今年寄回。父亲名书呈祥,取麟趾呈祥之义也。前年温弟捐监,叔父名书呈材,取天骥呈材之义也。当时恐六弟尚须小试,故捐监填名略变,以为通融地步。而今温弟既一成不易,故用呈祥配呈材,暗寓麟字、骥字于中,将来即分两房,曰呈祥房,曰呈材房,亦免得直写父、叔官名耳。

李子山、曾希六族伯托我捐功名,其伙计陈体元亦托捐,我丁酉年在栗江煤垅,此二人待我不薄,若非煤垅之钱,则丁酉万不能进京。渠来托我,不能不应,拟今岁为之办就。其银钱嘱渠送至我家,有便将执照付至家中,渠银钱一到,即发执照与渠可也,即未收全,亦可发也。丁酉年办进京盘费,如朱文八、王熞三、熞六等皆分文不借,则曾、陈二人,岂可不感也哉!现在乔心农放常德知府,二月出京,四弟监照与二人执照大约可托渠带至湖南也。去年年内,各族戚之钱,不知如数散给否?若未给,望今春补给,免得我时时挂心。考试者十千,及乞丐之十千,不审皆给否?务乞详以示我。竹山湾找当价,不知比楚善叔一头原价何如,乞明告我。既买竹山湾,又买庙台上,银钱一空,似非所宜。以后望家中毋买田,须略积钱,以备不时之需。植弟诗才颇好,但须看古人专集一家,乃有把握,万不可徒看选本,植弟则一无所看,故无把握也。季洪诗文,难于进功,须用心习字,将来即学叔父之规模,亦有功于家庭。纪泽儿自去腊庞先生归河间,请李碧峰来代馆,日加奖赞,悟性大进。一日,忽有作四言诗一篇,命题曰《舜征有苗篇》。余始不信,次日余与黄鬻吾面试之,果能清顺,或者得祖父德荫,小有成就,亦未可知。兹命其誊出寄呈堂上,以博一笑。然记性不好,终不敢信其可造也。

兹寄回正月初一至初十日上谕及宫门钞,以后按月寄归。予身体平安,家中大小如常,二儿肥胖。余不一一。兄国藩手草。(道光二十九年正月初十日)

致纪泽（托人带银至京）

字谕纪泽儿：

余于八月十四日在湖北起行，十八日至岳州，由湘阴、宁乡绕道，于念三日到家。在腰里新屋，痛哭吾母。念五日至白杨坪老屋，敬谒吾祖星冈公坟墓。家中老少平安，地方亦安静。合境团练，武艺颇好，土匪可以无虞。吾奉父亲大人之命，于九月十三日，暂厝吾母于腰里屋后，俟将来寻得吉地，再行迁葬。家眷在京，暂时不必出京，俟长沙事平，再有信来。王吉云同年在湖北主考回京，余交三百廿金，托渠带京，想近日可到。余将发各处讣信，刻尚无暇，待九月再寄，京中寄回信，交湖北常大人处最妥。岳父岳母，俱于廿五日来我家，身体甚好，尔可告知尔母。余不尽。涤生手示。（咸丰二年八月廿六日）

致诸弟（带归度岁之资）

澄侯、温甫、子植、季洪四位老弟足下：

廿五日遣春二、维五归家，曾寄一函，并谕旨、奏摺二册。廿六日水师在九江开仗获胜，陆路塔、罗之军，在江北蕲州之莲花桥大获胜仗，杀贼千余人。廿八日克复广济县城。初一日在大河埔大获胜仗。初四日在黄梅城外大获胜仗。初五日克复黄梅县城。该匪数万，现屯踞江岸之小池口，与九江府城相对。塔、罗之军，即日追至江岸，即可水陆夹击。能将北岸扫除，然后可渡江以剿九江府之贼。自至九江后，即可专夫由武宁以达平江、长沙。

兹由魏荫亭亲家还乡之便，付去银一百两，为家中卒岁之资。以三分计之，新屋人多，取其二以供用；老屋人少，取其一以供用；外五十两一封，以送亲族各家，即往年在京寄回之旧例也。以后我家光景略好，此项断不可缺。家中却不可过于宽裕。因处乱世，愈穷愈好。我现在军中，声名极好。所过之处，百姓爆竹焚香跪迎，送酒米猪羊来犒军者，络绎不绝。以祖宗累世之厚德，使我一人食此隆报，享此荣名，寸心兢兢，且愧

且慎。现在但愿官阶不再进，虚名不再张，常葆此以无咎，即是持家守身之道。至军事之成败利钝，此关乎国家之福，吾惟力尽人事，不敢存丝毫徼幸之心。诸弟禀告堂上大人，不必悬念。

冯树堂前有信来，要功牌百张，兹亦交荫亭带归。望澄弟专差送至宝庆，妥交树堂为要。衡州所捐之部照，已交朱峻明带去。外带照千张，交郭云仙，从原奏之所指也。朱于初二日起行，江隆三亦同归。给渠钱已四十千，今年送亲族者，不必送隆三可也。余不一一。（咸丰四年十一月初七日书于武穴舟中）

致九弟（述捐银作祭费）

沅浦九弟左右：

十四日胡二等归，接弟初七夜信，具悉一切。

初五日，城贼猛扑，凭濠对击，坚忍不出，最为合拍。凡扑人之濠，扑人之墙，扑者客也，应者主也。我若越濠而应之，则是反主为客，所谓致于人者也。我不越濠，则我常为主，所谓致人而不致于人者也。稳守稳打，彼自意兴索然。峙衡好越濠击贼，吾常不以为然。凡此等悉心推求，皆有一定之理。迪庵善战，其得诀在不轻进不轻退六字。弟以类求之可也。

洋船至上海、天津，亦系恫喝之常态。彼所长者，船炮也；其所短者，路极远，人极少，若办理得宜，终不足患。

报销奏稿及户部复奏，当日即缄致诸公。依弟来书之意，将来开局时，拟即在湖口水次盖银钱所。张小山、魏召亭、李复生诸公，多年亲友，该所现存银万余两，即可为开局用费及部中使费。六君子不必皆到，此局但得伯符、小泉二人入场即可了办。若六弟在浔较久，则可至局中照护周旋；若六弟不在浔阳，则弟克吉后，回家一行，仍须往该局为我照护周旋也。至户部承书说定费资，目下筠仙在京，似可办理，将来胡莲舫进京，亦可帮助筠仙。

顷有书来，言弟名远震京师。盛名之下，其实难副，弟须慎之又慎。兹将原书钞送一阅。

家中四宅，大小平安。兄夜来渐能成寐。先大父、先太夫人尚未有祭祀之费，温弟临行，捐银百两，余以刘国斌之赠，亦捐银百两，弟可设法捐赀否？四弟、季弟，则以弟昨寄之银两，提百金为二人捐款。合之当业处，每年可得谷六七十石，起祠堂，树墓表，尚属易办。吾精力日衰，心好古文，吾知其意而不能多作，日内思为三代考妣作三墓表，虑不克工，亦尚惮于动手也。先考妣祠宇，若不能另起，或另买一宅作住屋，即以腰里新宅为祠，亦无不可。其天家赐物，及宗器祭器等，概藏于祠堂，庶有所归宿，将来京中运回之书籍及家中先后置书，亦贮于祠中。吾生平坐不善收拾，为咎甚巨，所得诸物随手散去，至今追悔不已。然趁此收拾，亦尚有可为。弟收拾佳物，较善于诸昆从，后益当细心检点，凡有用之物，不宜抛散也。（咸丰八年四月十七日）

致九弟（劝捐银修祠堂）

沅浦九弟左右：

五月二日，接四月廿三寄信，藉悉一切。

城贼于十七早、廿日、廿二夜均来扑我濠，如飞蛾之扑烛，多灭几次，受创愈甚，成功愈易。惟日夜巡守，刻不可懈。若攻围日久，而仍令其逃窜，则咎责匪轻。弟既有统领之名，自须认真查察，比他人尤为辛苦，乃足以资董率。九江克复，闻抚州亦已收复，建昌想亦于日内可复。吉贼无路可走，收功当在秋间，较各处独为迟滞，弟不必慌忙，但当稳围稳守，虽迟至冬间克复亦可，只求不使一名漏泄耳。若似瑞、临之有贼外窜，或似武昌之半夜潜窜，则虽速亦为人所诟病。如九江之斩刈殆尽，则虽迟亦无后患。愿弟忍耐谨慎，勉卒此功。至要至要！

余病体渐好，尚未痊愈，夜间总不能酣睡，心中纠缠，时忆往事，愧悔憧忧，不能摆脱。四月底作《先大夫祭费记》一首，兹送贤弟一阅，不知尚可用否。此事温弟极为认真，望弟另誊一本。寄温弟阅看。此本仍便中寄回，盖家中钞手太少，别无副本也。

弟在营所寄银回，先后均照数收到。其随处留心，数目多寡，斟酌妥善。余在外未付银寄家，实因初出之时，默立此誓，又于发州县信中，以"不要钱，不怕死"六字，明不欲自欺之志，而令老父在家，受尽窘迫，百计经营，至今以为深痛。弟之取与，与塔、罗、杨、彭、二李诸公相

仿，有其不及，无或过也；尽可如此办理，不必多疑。顷与叔父各捐银五十两，积为星冈公，余又捐二十两于辅臣公，三十两于竟希公矣。若弟能于竟公、星公、竹亭三世，各捐少许，使修立三代祠堂，即于三年内可以兴工，是弟有功于先人，可以盖阿兄之愆矣。修祠或即用腰里新宅，或于利见斋另修，或另买田地，弟意如何，便中复示。公费则各力经营，祠堂则三代共之。此余之意也。

  初二日接温弟信，系在湖北抚署所发。九江一案，杨、李皆赏黄马褂，官、胡皆加太子少保，想弟处亦已闻之。温弟至安、黄，与迪庵相会后，或留营，或进京，尚未可知。

  弟素体弱，比来天热，尚耐劳苦否？至念至念。葠饵滋补，较善于药。良方甚多，较善于专服水药也。（咸丰八年五月初五日）

济 急 类

禀祖父母（请救济族人）

祖父大人万福金安：

四月十一日，由摺差发第六号家信，十六日摺弁又到。孙男等平安如常，孙妇亦起居维慎。曾孙数日内添吃粥一顿，因母乳日少，饭食难喂，每日两饭一粥。今年散馆，湖南三人皆留，全单内共留五十二人，惟三人改部属，三人改知县。翰林衙门，现已多至百四五十人，可谓极盛。琦善已于十四日押解到京，奉上谕派亲王三人、郡王一人、军机大臣、大学士、六部尚书会同审讯，现未定案。梅霖生同年因去岁咳嗽未愈，日内颇患咯血。同乡各京官宅皆如故。澄侯弟三月初四日在县城发信已经收到，正月廿五信，至今未接。兰姊以何时分娩，是男是女，伏望下次示知。

楚善八叔事，不知去冬是何光景。如绝无解危之处，则二伯祖母将穷迫难堪；竟希公之后人，将见笑于乡里矣。孙国藩去冬已写信求东阳叔祖兄弟，不知有补益否。此事全求祖父大人作主。如能救焚拯溺，何难嘘枯回生！伏念祖父平日积德累仁，救难济急，孙所知者，已难指数。如廖品一之孤，上莲叔之妻，彭定五之子，福益叔祖之母，及小罗巷、樟树堂各庵，皆代为筹画，曲加矜恤。凡他人所束手无策，计无复之者，得祖父善为调停，旋乾转坤，无不立即解危，而况楚善八叔，同胞之亲，万难之时乎？孙因念及家事，四千里外，杳无消息，不知同堂诸叔，目前光景。又念及家中此时，亦甚艰窘，辄敢冒昧饶舌，伏求祖父大人宽宥无知之罪。楚善叔事，如有设法之处，望详细寄信来京。

兹逢摺便，敬禀一二，即跪叩祖母大人万福金安。（道光二十一年四月十七日）

禀祖父母（先馈赠戚族）

孙国藩跪禀祖父母大人万福金安：

去年腊月十八，曾寄信到家，言寄家银一千两，以六百为家中还债之用，以四百为馈赠亲族之用。其分赠数目，另载寄弟信中，以明不敢自专之义也。后接家信，知兑啸山百三十千，则此银已亏空一百矣。顷闻曾受恬丁艰，其借银恐难遽完，则又亏空一百矣。所存仅八百，而家中旧债尚多，馈赠亲族之银，系孙一人愚见，不知祖父母、父亲、叔父以为可行否？伏乞裁夺。

孙所以汲汲馈赠者，盖有二故：一则我家气运太盛，不可不格外小心，以为持盈保泰之道。旧债尽清，则好处太全，恐盈极生亏；留债不清，则好中不足，亦处乐之法也。二则各亲戚家，皆贫而年老者，今不略为饮助，则他日不知何如。自孙入都后，如彭满舅曾祖、彭王姑母、欧阳岳祖母、江通十舅，已死数人矣。再过数年，则意中所欲馈赠之人，正不知何苦矣！家中之债，今虽不还，后尚可还。赠人之举，今若不为，后必悔之。此二者，孙之愚见如此，然孙少不更事，未能远谋一切，求祖父、叔父作主，孙断不敢擅自专权。其银待欧阳小岑南归，孙寄一大箱衣物，银两概寄渠处，孙认一半车钱。彼时再有信回。孙谨禀。（道光二十四年三月初十日）

致诸弟（述济戚族之故）

六弟、九弟左右：

来书言自去年五月至十二月，计共发信七八次。兄到京后，家人仅检出二次：一系五月二十二日发，一系十月十六发。其余皆不见。远信难达，往往似此。

腊月信有糊涂字样，亦情之不能禁者。盖望眼欲穿之时，疑信杂生，怨怒交至。惟骨肉之情愈挚，则望之愈殷；望之愈殷，则责之愈切。度日如年，居室如圜墙，望好音如万金之获，闻谣言如风声鹤唳；又加以堂上之悬思，重以严寒之逼人。其不能不出怨言以相詈者，情之至也。然为兄者观此二字，则虽曲谅其情，亦不能不责之；非责其情，责其字句之不检点耳。何芥蒂之有哉！至于回京时有摺弁南还，则兄实不知。当到家之际，门几如市，诸务繁剧，吾弟可想而知。兄意谓家中接榜后所发一信，则万事可以放心矣，岂尚有悬挂哉！来书辨论详明，兄今不复辨，盖彼此之心，虽隔万里，而赤诚不啻目见，本无纤毫之疑，何必因二字而多费唇舌！以后来信，万万不必提起可也。所寄银两，以四百为馈赠戚族之用。来书云："非有未经审量之处，即似稍有近名之心。"此二语，推勘入微，兄不能不内省者也。又云："所识穷乏得我而为之，抑逆知家中必不为此慷慨，而姑为是言。"斯二语，毋亦拟阿兄不伦乎？兄虽不肖，亦何至鄙且奸至于如此之甚！所以为此者，盖族戚中断不可不有一援手之人，而其余则牵连而及。

兄己亥年至外家，见大舅陶穴而居，种菜而食，为恻然者久之。通十舅送我，谓曰："外甥作外官，则阿舅来作烧火夫也。"南五舅送至长沙，握手曰："明年送外甥妇来京。"余曰："京城苦，舅勿来。"舅曰："然。然吾终寻汝任所也。"言已泣下。兄念母舅皆已年高，饥寒之况可想。而十舅且死矣，及今不一援手，则大舅、五舅又能沾我辈之余润乎？十舅虽死，兄意犹当恤其妻子，且从俗为之延僧，如所谓道场者，以慰逝者之魂，而尽吾不忍死其舅之心。我弟以为可乎？

兰姊、蕙妹，家运皆舛。兄好为识微之妄谈，谓姊犹可支撑，蕙妹再过数年，则不能自存活矣。同胞姊妹，纵彼无觖望，吾能不视如一家一身乎？

欧阳沧溟先生，夙债甚多，其家之苦况，又有非吾家可比者。故其母丧，不能稍隆厥礼。岳母送余时，亦涕泣而道。兄赠之独丰，则犹徇世俗之见也。楚善叔为债主逼迫，入地无门，二伯祖母尝为余泣言之。又泣告子植曰："八儿夜来泪注地，湿围径五尺也。"而田货于我家，价既不昂，事又多磨。尝贻书于我，备陈吞声饮泣之状。此子植所亲见，兄弟尝欷歔

久之。丹阁叔与宝田表叔，昔与同砚席十年，岂意今日云泥隔绝至此！知其窘迫难堪之时，必有饮恨于实命之不犹者矣。丹阁戊戌年曾以钱八千贺我，贤弟谅其景况，岂易办八千者乎？以为喜极，固可感也；以为钩饵，则亦可怜也。任尊叔见我得官，其欢喜出于至诚，亦可思也。

竟希公一项，当甲午年抽公项三千二千为贺礼，渠两房颇不悦。祖父曰："待藩孙得官，第一件先复竟希公项。"此语言之已熟，特各堂叔不敢反唇相讥耳。同为竟希公之嗣，而菀枯悬殊若此。设造物者一旦移其菀于彼二房，则无论六百，即六两亦安可得耶？

六弟、九弟之岳家，皆寡妇孤儿，槁饿无策。我家不拯之，则孰拯之者？我家少八两，未必遂为债户逼取；渠得八两则举室回春。贤弟试设身处地，而知其如救水火也。彭王姑待我甚厚，晚年家贫，见我辄泣。兹王姑已殁，故赠宜仁王姑丈，亦不忍以死视王姑之意也。滕七财姑之子，与我同孩提，长养各舅祖，则推祖母之爱而及也。彭舅曾祖，则推祖父之爱而及也。陈本七、邓升六二先生，则因觉庵师而牵连及之者也。其余馈赠之人，非实有不忍于心者，则皆因人而及。非敢有意讨好，沽名钓誉，又安敢以己之豪爽，形祖父之刻啬，为此奸鄙之心之行也哉？

诸弟生我十年以后，见诸戚族家皆穷，而我家尚好，以为本分如此耳，而不知其初皆与我家同盛者也。兄悉见其盛时气象，而今日零落如此，则大难为情矣。凡盛衰在气象，气象盛则虽饥亦乐，气象衰则虽饱亦忧。今我家方全盛之时，而贤弟以区区数百金为极少，不足比数。设以贤弟处楚善、宽五之地，或处葛、熊二家之地，贤弟能一日以安乎？凡遇之丰啬顺舛，有数存焉，虽圣人不能自为主张。天可使吾今日处丰亨之境，即可使吾明日处楚善、宽五之境。君子之处顺境，兢兢焉常觉天之过厚于我，我当以所余补人之不足。君子之处啬境，亦兢兢焉常觉天之厚于我，非果厚也，以为较之尤啬者，而我固已厚矣。古人所谓境地须看不如我者，此之谓也。

来书有"区区千金"四字，其毋乃不知天之已厚于我兄弟乎？兄尝观《易》之道，察盈虚消息之理，而知人不可无缺陷也。日中则昃，月盈则亏，天有孤虚，地阙东南，未有常全而不阙者，剥也者，复之机也，君子以为可喜也。夬也者，姤之渐也，君子以为可危也。是故既吉矣，则由吝以趋于凶，既凶矣，则由悔以趋于吉。君子但知有悔耳，悔者，所以守其缺，而不敢求全也。小人则时时求全，全者既得，而咎与凶随之矣。众人常缺，而一人常全，天道屈伸之故，岂若是不公乎？今吾家椿萱重庆，兄弟无故，京师无比美者，亦可谓至万全者矣。故兄但求缺陷，名所居曰求缺斋。盖求缺于他事，而求全于堂上。此则区区之至愿也。家中旧债，不能悉清，堂上衣服，不能多办，诸弟所需，不能一给，亦求缺陷之义也。内人不明此义，而时时欲置办衣物，兄亦时时教之。今幸未全备，待其全时，则咎与凶随之矣。此最可畏者也。贤弟夫妇诉怨于房闼之间，此是缺陷，吾弟当思所以弥其缺，而不可尽给其求，盖尽给则渐几于全矣。吾弟聪明绝人，将来见道有得，必且趣余之言也。

至于家中欠债，则兄实有不尽知者。去年二月十六，接父亲正月四日手谕，中云："一切年事，银钱敷用有余。上年所借头息钱，均已完清。家中极为顺遂，故不窘迫。"父亲所言如此，兄亦不甚了了。不知所完究系何项？未完尚有何项？兄所知者，仅江孝八外祖百两，朱岚暄五十两而已。其余如耒阳本家之账，则兄由京寄还，不与家中相干。甲午冬借添梓坪钱五十千，尚不知作何还法，正拟此次禀问祖父。此外账目，兄实不知。下次信来，务望详开一单，使兄得渐次筹画。如弟所云，家中欠债千余金，若兄早知之，亦断不肯以四百赠人矣。如今信去已阅三月，馈赠族戚之语，不知乡党已传播否？若已传播而实不至，则祖父受吝啬之名，我加一信，亦难免二三其德之诮。此兄读两弟来书，所为踌躇而无策者也。兹特呈堂上一禀，依九弟之言书之。谓朱啸山、曾受恬处二百落空，非初意所料。其馈赠之项，听祖父、叔父裁夺。或以二百为赠，每人减半亦可；或家中十分窘迫，即不赠亦可。戚族来者，家中即以此信示之，庶不悖于过则归己之义。贤弟观之，以为何如也？

若祖父、叔父以前信为是，慨然赠之，则此禀不必付归，兄另有安信付去。恐堂上慷慨持赠，反因接吾书而疑沮。凡仁心之发，必一鼓作气，尽吾力之所能为。稍有转念，则疑心生，私心亦生。疑心生则计较多而出纳吝矣，私心生则好恶偏而轻重乖矣。使家中慷慨乐与，则慎无以吾书生堂上之转念也。使堂上无转念，则此举也，阿兄发之，堂上成之，无论其为是为非，诸弟置之不论可耳。向使去年得云贵、广西等省苦差，并无一

钱寄家，家中亦不能责我也。

九弟来书，楷法佳妙，余爱之不忍释手。起笔收笔皆藏锋，无一笔撒手乱丢，所谓有往皆复也。想与陈季牧讲究，彼此各有心得，可嘉可喜。然吾所教尔者，尚有二事焉：一曰换笔。古人每笔中间，必有一换，如绳索然，第一股在上，一换则第二股在上，再换则第三股在上也，笔尖之著纸者，仅少许耳。此少许者，吾当作四方铁笔用，起处东方在左，西方向右，一换则东方向右矣。笔尖无所谓方也，我心中常觉其方，一换而东，再换而北，三换而西，则笔尖四面有锋，不仅一面相向矣。二曰结字有法。结字之法无穷，但求胸中有成竹耳。

六弟之信，文笔拗而劲，九弟文笔婉而达，将来皆必有成。但目下不知各看何书，万不可徒看考墨卷，汩其性灵。每日习字不必多，作百字可耳。读背诵之书不必多，十叶可耳。看涉猎之书不必多，亦十叶可耳。但一部未完，不可换他部，此万万不易之理。阿兄数千里外教尔，仅此一语耳。罗罗山兄读书明大义，极所钦仰，惜不能会面畅谈。

余近来读书无所得，酬应之繁，日不暇给，实实可厌。惟古文各体诗，自觉有进境，将来此事当有成就；恨当世无韩愈、王安石一流人，与我相质证耳。贤弟亦宜趁此时学为诗、古文，无论是否，且试拈笔为之。及今不作，将来年长，愈怕丑而不为矣。每月六课，不必其定作诗文也。古文、诗、赋、四六，无所不作，行之有常。将来百川分流，同归于海，则通一艺，即通众艺，通于艺，即通于道，初不分而二之也。此论虽太高，然不能不为诸弟言之，使知大本大原，则心有定向，而不至于摇摇无著，虽当其应试之时，全无得失之见乱其意中，即其用力举业之时，亦于正业不相妨碍。诸弟试静心领略，亦可徐徐会悟也。

外附录《五箴》一首，《养身要言》一纸，《求阙斋课程》一纸，诗文不暇录，惟谅之。兄国藩手草。（道光二十四年三月二十日）

附录五箴 并序 （甲辰春作）

少不自立，荏苒遂泊今兹。盖古人学成之年，而吾碌碌尚如斯也，不其戚矣！继是以往，人事日纷，德慧日损，下流之赴，抑又可知。夫疢疾所以益智，逸豫所以亡身，仆以中材而履安顺，将欲刻苦而自振拔，谅哉其难之！因作五箴以自创云。

立　志　箴

煌煌先哲，彼亦犹人。藐焉小子，亦父母之身。聪明福禄，予我者厚哉！弃天而佚，是及凶灾。积悔累千，其终也已。往者不可追，请从今始。荷道以躬，与之以言。一息尚活，永矢弗谖。

居　敬　箴

天地定位，二五胚胎。鼎焉作配，实曰三才。俨恪斋明，以凝女命。女之不庄，伐生戕性。谁人可慢，何事可弛？弛事者无成，慢人者反尔。纵彼不反，亦长吾骄。人则下汝，天罚昭昭。

主　静　箴

斋宿日观，天鸡一鸣。万籁俱息，但闻钟声。后有毒蛇，前有猛虎。神定不慑，谁敢余侮。岂伊避人，日对三军。我虑则一，彼纷不纷。驰骛半生，曾不自主。今其老矣，始扰扰以终古。

谨　言　箴

巧语悦人，自扰其身。闲言送日，亦搅女神。解人不夸，夸者不解。道听途说，智笑愚骇。骇者终明，谓女实欺。笑者鄙女，虽矢犹疑。尤悔既丛，铭以自攻。铭而复蹈，嗟女既耄。

有 恒 箴

自吾识字，百历泊兹。二十有八载，则无一知。曩之所忻，阅时而鄙。故者既抛，新者旋徙。德业之不常，日为物牵。尔之再食，曾未闻或愆。黍黍之增，久而盈斗。天君司命，敢告马走。

养身要言（癸卯入蜀道中作）

一阳初动处，万物始生时。不藏怒焉，不宿怨焉。（以上仁，所以养肝也。）

内而整齐思虑，外而敬慎威仪。泰而不骄，威而不猛。（以上礼，所以养心也。）

饮食有节，起居有常。作事有恒，容止有定。（以上信，所以养脾也。）

扩然而大公，物来而顺应。裁之吾心而安，揆之天理而顺。（以上义，所以养肺也。）

心欲其定，气欲其定，神欲其定，体欲其定。（以上智，所以养肾也。）

求缺斋课程（癸卯孟夏立）

读熟读书十叶。（《易经》《诗经》《史记》《明史》《屈子》《庄子》、杜诗、韩文。）看应看书十叶。（不具载。）习字一百。数息百八。记过隙。（即日记。）记茶余偶谈一则。（以上每日课）

逢三日写回信。逢八日作诗、古文一艺。（以上每月课）

禀祖父母（赠戚族数目）

孙男国藩跪禀祖父母大人万福金安：

八月廿七日，接到七月十五、廿五两次所发之信，内祖父母各一信，父亲、母亲、叔父各一信，诸弟亦皆有信，欣悉一切，慰幸之至。

叔父之病，得此次信，始可放心。八月廿八日，陈岱云之弟送灵榇回南，坐粮船，孙以率五妹丈，与之同伴南归，船钱饭钱，陈宅皆不受。孙送至城外，率五挥泪而别，甚为可怜。率五来意，本欲考供事，冀得一官以养家。孙以供事必须十余年，乃可得一典史，宦海风波，安危莫卜，卑官小吏，尤多危机，每见佐杂末秩下场鲜有好者。孙在外已久，阅历已多，故再三苦言，劝率五居乡，勤俭守旧，不必出外作官。劝之既久，率五亦以为然，其打发行李诸物，孙一一办妥，另开单呈览。孙送率五归家，即于是日申刻生女，母女俱平安。

前正月间，孙寄银回南，有馈赠亲族之意，理宜由堂上定数目，方合《内则》不敢私与之道。孙此时糊涂，擅开一单，轻重之际，多不妥当，幸堂上各大人斟酌增减，方为得宜。但岳家太多，他处相形见绌，孙稍有不安耳。

率五大约在春初可以到家，渠不告而出，心中怀惭，到家后，望大人不加责，并戒家中及近处无相讥讪为幸。孙谨禀。（道光二十四年八月廿九日）

禀叔父母（请兑钱送人）

侄国藩敬禀叔父婶母大人万福金安：

新年两次禀安，未得另书敬告一切。侄以庸鄙无知，托祖宗之福荫，幸窃禄位，时时抚衷滋愧。兹于本月大考，复荷皇上天恩，越四级而超升。侄何德何能，堪此殊荣，常恐祖宗积累之福，自我一人享尽，大可惧也，望叔父作书教侄，幸甚！

余竺虔归，寄回银五十两，其四十两用法，六弟、九弟在省读书，用

二十六两,四弟、季弟学俸六两,买漆四两,欧阳太岳母奠金四两,前第三号信业已载明矣。只余有十两,若作家中用度,则嫌其太少,添此无益,减此无损。侄意戚族中有最苦者,不得不些须顾送,求叔父将此十金换钱,分送最亲最苦之处。叔父于无意中送他,万不可说出是侄之意,使未得者有觖望,有怨言。二伯祖父处,或不送钱,按期送肉与油盐之类,随叔父斟酌行之可也。侄谨禀。(道光二十七年六月十七日)

致诸弟（定计量一义田）

澄侯、温甫、子植、季洪四位老弟足下：

七月十三日,接到澄弟六月初七所发家信,具悉一切。吾于六月共发四次信,不知俱收到否？今年陆费中丞丁忧,闻四月无摺差到,故自四月十七发信后,直至五月中旬始再发信,宜家中悬望也。

祖父大人之病,日见增加,远人闻之,实深忧惧。前六月念日所付之鹿茸片,不知何日可到,亦未知可有微功否。

予之癣病,多年沉痛,赖邹墨林举黄耆附片方,竟得痊愈。内人六月之病,亦极沉重,幸墨林诊治,遂得化险为夷,变危为安。同乡找墨林看病者甚多,皆随手立效。墨林之弟岳屏四兄,今年曾到京,寓圆通观,其医道甚好,现已归家。予此次以书附墨林家书内,求岳屏至我家诊治祖父大人,或者挽回万一,亦未可知。岳屏人最诚实而又精明,即周旋不到,必不见怪。家中只须打发轿夫大钱二千,不必别有所赠送,渠若不来,家中亦不必去请他。

乡间之谷,贵至三千五百,此亘古未有者,小民何以聊生！吾自入官以来,即思为曾氏置一义田,以赡救孟学公以下贫民；为本境置义田,以赡救念四都贫民。不料世道日苦,予之处境未裕。无论为京官者,自治不暇,即使外放,或为学政,或为督抚,而如今年三江两湖之大水灾,几于鸿嗷半天下。为大官者,更何忍于廉俸之外,多取半文乎！是义田之愿,恐终不能偿。然予之定计,苟仕宦所入,每年除供奉堂上甘旨外,或稍有赢余,吾断不肯买一亩田,积一文钱,必皆留为义田之用。此我之定计,望诸弟体谅之。

今年我在京用度较大,借账不少。八月当为希六及陈体元捐从九品,九月榜后可付照回，十月可到家，十一月可向渠两家索银，大约共须三百金。我付此项回家，此外不另附银也。

率五在永丰，有人争请，予闻之甚喜。特书手信与渠，亦望其忠信成立。纪鸿已能行走，体甚壮实。同乡各家如常。同年毛寄云于六月念八日丁内艰。陈伟堂相国于七月初二仙逝，病系中痰，不过片刻即殁。

河南、浙江、湖北皆展于九月举行乡试。闻江南水灾尤甚，恐须再展至十月。各省大灾，皇上焦劳，臣子更宜忧惕，故一切外差，皆绝不萌妄想，家中亦不必悬盼。书不详尽。兄国藩手草。（道光二十九年七月十五日）

致九弟（随便可以周济）

沅浦九弟左右：

十二日安五来营，寄一家信，谅已收到。

治军总须脚踏实地，克勤小物，乃可日起而有功。凡与人晋接周旋，若无真意，则不足以感人，然徒有真意而无文饰以将之，则真意亦无所托之以出，《礼》所称无文不行也。余生平不讲文饰，到处行不动，近来大悟前非。弟在外办事，宜随时斟酌也。

闻我水师粮台，银两尚有赢余，弟营此时不阙银用，不必往解。若绅民中实在流离困苦者，亦可随便周济。兄往日在营，艰苦异常，当初不能放手作一事，至今追憾。若弟有宜周济之处，水师粮台，尚可解银二千两前往。应酬亦须放手办，在绅士百姓身上，尤宜放手也。（咸丰八年正月十四日）

致九弟（周济受害绅民）

沅浦九弟左右：

二十七日接弟信，并《廿二史》二十七套，此书十七史系汲古阁本，《宋》、《辽》、《金》、《元》系宏简录，《明史》系殿本。较之兄丙申年所购者多《明史》一种，余略相类，在吾乡已极为难得矣。吾前在京，亦未

另买有全史,仅添买《辽》、《金》、《元》、《明》四史,及《史》、《汉》各佳本而已。《宋史》至今未办,盖阙典也。

吉贼决志不窜,将来必与浔贼同一办法,想非夏末秋初,不能得手。弟当坚耐以待之。迪庵去岁在浔,于开浔守逻之外,间亦读书习字。弟处所掘长濠,如果十分可靠,将来亦有间隙,可以偷看书籍,目前则须极力讲求濠工巡逻也。

周济受害绅民,非泛爱博施之谓,但偶遇一家之中,杀害数口者,流转迁徙归来无食者,房屋被焚栖止靡定者,或与之数千金,以周其急。先星冈公云,济人须济急时无。又云随缘布施,专以目之所触为主,即孟子所称"是乃仁术也"。若目无所触,而泛求被害之家而济之,与造册发赈一例,则带兵者专行沽名之事,必为地方官所织,且有挂一漏万之虑。弟之所见,深为切中事理。余系因昔年湖口绅士受害之惨,无力济之,故推而及于吉安,非欲弟无故而为沽名之举也。(咸丰八年正月廿九日)

致四弟九弟(寄银亲族三党)

澄、沅弟左右:

余经手专件,只有长江水师应撤者尚未撤,应改为额兵尚未改,暨报销二者,未了而已。今冬必将水师章程出奏,并在安庆设局,办理报销。诸事清妥,则余兄弟或出或处,或进或退,绰有余裕。

近四年每年寄银少许与亲属三党,今年仍循此例。惟徐州距家太远,勇丁不能撤带,因写信与南坡,请其在盐局兑汇,余将来在扬州归款。请两弟照单封好,用红纸签写菲仪等字,年内分送。千里寄此毫毛,礼文不可不敬也。(同治四年十月十六日)

致四弟(送银共患难者)

澄弟左右:

余于十月廿五接入觐之旨,次日写信召纪泽来营,厥后又有三次信,止其勿来，不知均接到否。自十一月初六接奉回江督任之旨，十七日已具疏恭辞；廿八日又奉旨令回本任；初三日又具疏恳辞。如再不获命，尚当再四疏辞。但受恩深重，不敢遽求回籍，留营调理而已。余从此不复作官。同乡京官，今冬炭敬犹须照常馈送。昨令李翥汉回湘，送罗家二百金，李家二百金，刘家百金，昔年曾共患难者也。

前致弟处千金，为数极少，自有两江总督以来，无待胞弟如此之薄者。然处兹乱世，钱愈多则患愈大，兄家与弟家，总不宜多存现银现钱，每年足敷一年之用，便是天下之大富，人间之大福矣。家中要得兴旺，全靠出贤子弟。若子弟不贤不才，虽多积银积钱，积谷积产，积书积衣，总是枉然。子弟之贤否，六分本于天生，四分由于家教。吾家世代皆有明德明训，惟星冈公之教，尤应谨守牢记。吾近将星冈公之家规，编成八句，云：书、蔬、猪、鱼、考、早、扫、宝，常设常行，八者都好；地、命、医理、僧巫、祈祷，留客久住，六者俱恼。盖星冈公于地、命、医、僧、巫五项人，进门便恼，即亲友远客久住亦恼。此八好六恼者，我家世世守之，永为家训。子孙虽愚，亦必使就范围也。（同治五年十二月初六日）

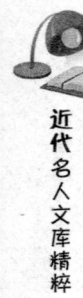

交 友 类

致诸弟（述求师友宜专）

四位老弟左右：

正月二十三日，接到诸弟信，系腊月十六日在省城发，不胜欣慰。四弟女许朱良四姻伯之孙，兰姊女许贺孝七之子，人家甚好，可贺。惟蕙妹家颇可虑，亦家运也。

六弟、九弟今年仍读书省城罗罗山兄处，附课甚好。既在此附课，则不必送诗文于他处看，以明有所专主也。凡事皆贵专，求师不专，则受益也不入；求友不专，则博爱而不亲。心有所专宗，而博观他途以扩其识，亦无不可。无所专宗，而见异思迁，此眩彼夺，则大不可。罗山兄甚为刘霞仙、欧晓岑所推服，有杨生任光者亦能道其梗概，则其可为师表明矣，惜吾不得常与居游也。在省用钱，可在家中支用银三十两，则够二弟一年之用矣。亦在吾寄一千两之内，予不能别寄与弟也。

我去年十一月廿日到京，彼时无摺差回南，至十二月中旬始发信，乃两弟之信骂我糊涂，何不检点至此！赵子舟与我同行，曾无一信，其糊涂更何如。即余自去年五月底至腊月初，未尝接一家信，我在蜀，可写信由京寄家，岂家中信不可由京寄蜀耶？又将骂何人糊涂耶？凡动笔不可不检点，九弟与郑、陈、冯、曹四信，写作俱佳，可喜之至。六弟与我信，字太草率，此关乎一生福分，故不能不告汝也。四弟写信，语太不圆，由于天分，吾不复责。余容续布，诸惟心照。兄国藩手具。（道光二十四年正月二十六日）

致诸弟（必须亲近良友）

四位老弟左右：

四月十六日，曾写信交摺弁带回，想已收到。十七日，朱啸山南归，托带纹银百两，高丽参一斤半，书一包，计九套。兹因冯树堂南还，又托带寿屏一架，狼兼毫笔廿枝，鹿胶二斤，对联堂幅一包，内金年伯耀南四条，朱岗暄四条，萧辛五对一幅，江岷山母舅四条，东海舅父四条，父亲横披一个，叔父折扇一柄，乞照单查收。前信言送江岷山、东海高丽参六两，送金耀南年伯参二两，皆必不可不送之物，惟诸弟禀告父亲大人送之可也。

树堂归后，我家先生尚未定。诸弟若在省得见树堂，不可不殷勤亲近。亲近愈久，获益愈多。

今年湖南萧史楼得状元，可谓极盛。八进士皆在长沙，黄琴坞之胞兄及令嗣皆中，亦长沙人也。余续具。兄国藩手草。（道光二十五年四月二十四日）

禀叔父（侠士料理友丧）

侄国藩谨启叔父大人座下：

九月十五、十七，连到两摺差，又无来信，想四弟、六弟已经来京矣。若使未来，则在省，还家时，必将书信寄京。

侄身上热毒，近日头面大减。请一陈姓医生，每早吃丸药一钱，而小有法术，已请来三次。每次给车马大钱一千二百文，自今年四月得此病，请医甚多，服药亦五十余剂，皆无效验。惟此人来，乃将面上治好，头上已好十分之六，身上尚未好。渠云不过一月，即可痊愈。侄起居如常，应酬如故，读书亦如故。惟不作诗文，少写楷书而已。侄妇及侄孙儿女皆平安。

陈岱云现又有病，虽不似前年之甚，而其气甚馁，亦难骤然复元。湘

乡邓铁松孝廉，于八月初五出京，竟于十一日卒于献县道中，幸有江岷樵忠源同行，一切附身附棺，必信必诚，此人义侠之士，与侄极好。今年新化孝廉邹柳溪，在京久病而死，一切皆江君料理，送其灵榇回南。今又扶铁松之病而送其死，真侠士也。挟两友之枢行数千里，亦极难矣。侄曾作邹君幕志铭，兹付两张回家。今年七月，忘付黄芽白菜子，八月底寄出，已无及矣。请封之典，要十月十五始可颁恩诏，大约明年秋间始可寄回。

闻彭庆三爷令郎入学，此是我境后来之秀，不可不加意培植。望于家中贺礼之外，另封仪大钱一千，上书侄名，以示奖劝。余不具。侄谨启。

（道光二十五年九月十七日）

致诸弟（不可与人太疏）

澄侯四弟、子植九弟、季洪二弟左右：

昨接来信，家中诸事琐屑毕知，不胜欢慰。

祖大人之病，竟以服沉香少愈，幸甚。然予终疑祖大人之体本好，因服补药太多，致火壅于上焦，不能下降。虽服沉香而愈，尚恐非切中肯綮之剂。要须服清导之品，降火滋阴为妙。予虽不知医理，窃疑必须如此，上次家书，亦曾写及，不知曾与诸弟商酌否？丁酉年祖大人之病，亦误服补剂，赖泽六爷投以凉剂而效。此次何以总不请泽六爷一诊？泽六爷近年待我家甚好，即不请他诊病，亦须澄弟到他处常常来往，不可太疏，大小喜事，宜常送礼。尧阶既允为我觅妥地，如其觅得，即听渠买。买后或迁或否，仍由堂上大人作主，诸弟不必执见。上次信言，予思归甚切，属弟探堂上大人意思何如。顷奉父亲手书，责我甚切。兄自是谨遵父命，不敢作归计矣。

郭筠仙兄弟于二月二十到京，筠仙与其叔及江岷樵住张相公庙，去我家甚近，翌臣即住我家。树堂亦在我家入场。我家又添二人伏侍李、郭二君。大约榜后退一人，只用一打杂人耳。筠仙自江西来，述岱云母子之意，欲我将第二女许配渠第二子，求婚之意甚诚。前年岱云在京，亦曾托曹西垣说及，予答以缓几年再议。今又托筠仙为媒，情与势皆不可却。岱云兄弟之为人，与其居官治家之道，九弟在江西一一目击。烦九弟细告父母，并告祖父，求堂上大人分付，或对或否，以便答江西之信。予夫妇现无成见，对之意有六分，不对之意亦有四分，但求堂上大人主张。

九弟去年在江西，予前信稍有微词，不过恐人看轻耳。仔细思之，亦无妨碍，且有莫之为而为者，九弟不必自悔艾也。碾儿胡同之屋东，四月要回京，予已看南横街圆通观东间壁房屋一所，大约三月尾可移寓。此房系汪醇卿之宅，比碾儿胡同狭一小半，取其不费力易搬，故暂移彼。若有好房，当再迁移。

黄秋农之银已付还，加利十两，予仍退之。曾仪斋正月廿六在省起行，二月廿九日到京。凌笛舟正月廿八起行，亦廿九到京，可谓快极。而澄弟出京，偏延至七十余天始到。人事之无定如此！新举人覆试题"人而无恒"二句，赋得"仓庚鸣"得"鸣"字。四等十一人，各罚停会试二科，湖南无之。

我身癣疾，春间略发而不甚为害。有人说方，将石灰澄清水，用水调桐油揸之，则白皮立去。现二三日一揸，使之不起白皮，剃头后不过微露红影，虽召见亦无碍。除头顶外，他处皆不揸，以其仅能济一时，不能除根也。内人及子女皆平安。

今年分房，同乡仅恕皆，同年仅松泉与寄云大弟，未免太少。余虽不得差，一切自有张罗，家中不必挂心。今日予写信颇多，又系冯、李诸君出场之日，实无片刻暇，故予未作楷信禀堂上，乞弟代为我说明。澄弟理家事之间，须时时看《五种遗规》，植弟、洪弟须发愤读书，不必管家事。兄国藩草。（道光二十七年三月初十日）

致诸弟（切勿占人便宜）

澄侯、子植、季洪三弟足下：

二十五日，接到澄弟六月一日所发信，具悉一切，欣慰之至。发卷所走各家，一半系余旧友，惟屡次扰人，心殊不安。我自己从己亥年在外把戏，至今以为恨事。将来万一作外官，或督抚，或学政，从前施情于我

者，或数百，或数千，皆钓饵也。渠若到任上来，不应则失之刻薄，应之则施一报十，尚不足以满其欲。故兄自庚子到京以来，于今八年，不肯轻受人惠，情愿人占我的便宜，断不肯我占人的便宜。将来若作外官，京城以内，无责报于我者。澄弟在京年余，亦得略见其概矣。此次澄弟所受各家之情，成事不说，以后凡事不可占人半点便宜，不可轻取人财。切记切记！

彭十九家姻事，兄意彭家发泄将尽，不能久于蕴蓄，此时以女对渠家，亦若从前之以蕙妹定王家也。目前非不华丽，而十年之外，局面亦必一变。澄弟一男二女，不知何以急急定婚若此？岂少缓须臾，即恐无亲家耶？贤弟从事多躁而少静，以后尚期三思。儿女姻缘，前生注定，我不敢阻，亦不敢劝，但嘱贤弟少安毋躁而已。

京寓中大小平安。纪泽读书，已至"宗族称孝焉"，大女儿读书，已至"吾十有五"。前三月买驴子一头，顷赵炳坤又送一头。二品本应坐绿呢车，兄一切向来简朴，故仍坐蓝呢车。寓中用度，比前较大，每年进项亦较多。其他外间进项尚与从前相似。同乡人皆如旧。李竹屋在苏寄信来，立夫先生许以干馆。余不一。兄手草。（道光二十七年六月二十七日）

禀父母（处置朋友之法）

男国藩跪禀父母亲大人万福金安：

十二月初五接到家中十一月初旬所发家信，具悉一切。男等在京身体平安。男癣疾已痊愈，六弟体气如常。纪泽兄妹五人皆好。男妇怀喜，平安，不服药。同乡各家亦皆无恙。陈本七先生来京，男自有处置之法，大人尽可放心，大约款待从厚，而打发从薄。男光景颇窘，渠来亦必自悔。

九弟信言母亲常睡不著。男妇亦患此病，用熟地、当归蒸母鸡食之，大有效验。九弟可常办与母亲吃。乡间鸡肉、猪肉，最为养人，若常用黄芪、当归等类蒸之，略带药性而无药气，堂上五位老人食之，甚有益也，望诸弟时时留心办之。老秧田背后三角丘，是竹山湾至我家大路，男曾对四弟言及，要将路改于塍下，在檀山嘴那边架一小桥，由豆土排上横穿过来。其三角丘则多栽竹树，上接新塘塝大枫树，下接檀山嘴大藤，包裹甚为完紧，我家之气更聚。望堂上大人细思。如以为可，求叔父于明年春栽竹种树，如不可，叔父写信示之为幸。

男等于二十日期服已满，敬谨祭告。廿九日又祭告一次。余俟续具。
（道光二十七年十二月初六日）

致九弟（许李次青订婚）

沅浦九弟左右：

十四日接弟初七夜信，得知一切。

贵溪紧急之说确否？近日消息何如？次青非常之才，带勇虽非所长，然亦有百折不回之气。其在兄处，尤为肝胆照人，始终可感。兄在外数年，独惭无以对渠。去腊遣韩升至李家省视其家，略送仪物。又与次青约成婚姻，以申永好。目下儿女两家无相当者，将来渠或三索得男，弟之次女、三女可与订婚。兄信已许之矣。在吉安，望常常与之通信。专人往返，想十余日可归也。但得次青生还，与兄相见，则同甘苦患难诸人中，尚不至留莫大之抱歉耳。昔耿恭简公谓居官以耐烦为第一要义，带勇亦然，兄之短处在此，屡次谆谆教弟亦在此。二十七日来书有云，仰鼻息于傀儡膻腥之辈，又岂吾心之所乐，此已露出不耐烦之端倪，将来恐不免于龃龉。去岁握别时，曾以惩余之短相箴，乞无忘也。李雨苍于十七日起行赴鄂，渠长处在精力坚强，聪明过人，短处即在举止轻佻，言语易伤，恐润公亦未能十分垂青。温甫弟于十一日起程，大约三月半可至吉安也。（咸丰八年二月十七日）

致九弟（述挽胡润帅联）

沅弟左右：

调巡湖营由刘家渡拖入白湖之札，今日办好，即派人送去。吾所虑者，水师不能由大江入白湖，白湖不能通巢湖耳。今仅拖七八丈宽堤即入

白湖，斯大幸矣。若白湖能通巢湖，则更幸矣。余昨日作挽润帅一联，云：遘寇在吴中，是先帝与荩臣临终憾事；荐贤满天下，愿后人补我公未竟勋名。（咸丰十一年九月十四日）

致九弟季弟（述辜负李次青）

沅、季弟左右：

湖南之米，昂贵异常，东征局无米解来，安庆又苦于碾碓无多，每日不能舂出三百石，不足以应诸路之求。每月解子药各三万斤，不能再多，望弟量入为出，少操几次，以省火药为嘱。扎营图阅悉。得几场大雨，吟、昆等营必日松矣。处处皆系两层，前层拒城贼，后层防援贼，当可稳固无虞。少泉代买之洋枪，今日交到一单，待物到即解弟处。洋物机括太灵，多不耐久，宜慎用之。次青之事，弟所进箴规，极是极是。吾过矣，吾过矣！吾因郑魁士享当世大名，去年袁翁两处，及京师台谏，尚累疏保郑为名将，以为不妨与李并举。又有郑罪重，李情轻，暨王锐意招之等语，以为比前摺略轻。逮拜摺之后，通首读来，实使次青难堪。今弟指出，余益觉大负次青，愧悔无地。余生平于朋友中，负人甚少，惟负次青实甚。两弟为我设法，有可挽回之处，余不惮改过也。（同治元年六月初二日）